裁判官が答える

裁判のギモン

日本裁判官ネットワーク

岩波ブックレット No. 998

目　次

はじめに

「悪いことをした人に、なぜ黙秘権があって、国の費用で弁護士を付けられるの？」

この質問（本書のQ2）に、「そうそう」と思われる方は結構多いと思います。裁判官で構成し、元裁判官がサポーターを務める私たち「日本裁判官ネットワーク」は、市民の皆さんとの交流を行う中で、そうした疑問の数々に接してきました。インターネット等を通じて情報が氾濫している世の中ですが、裁判についての正確な基礎知識は、まだまだ広がってはいないのではないでしょうか。そのうえ、裁判には難しくて堅苦しく、近寄りがたいイメージがあるため、すすんで正確な知識を得ようという思いも生じにくいのではないかと感じます。

プレーを理解するためには

裁判には、刑事裁判の有罪・無罪、民事裁判の請求認容・棄却をはじめとして、「勝敗」があります。誤解を恐れずに言いますと、裁判と同様に勝敗のあるスポーツや囲碁・将棋等は、ある程度ルールや仕組み、例えばサッカーのオフサイド等を理解していないと、試合を十分楽しむことはできないでしょう。逆に、それらを正確に理解していれば、試合を楽しめるだけでなく、巧みなプレーにもっと感動し、それを行うプレーヤーを応援したくなるのではないでしょうか。そして、そこでの審判の役割が実はとても大きいことも理解できるでしょう。

極刑（死刑）も制度化されている裁判の場合は、スポーツ等とは異なる厳粛な面がありますが、似た面があることも否定できません。ですので、市民の皆さんに、裁判を十分に理解していただき、裁判のプレーヤーや審判を務める法律家の行動を時には称賛し、時にはたしなめていただくためには、裁判のルールや仕組みを正確に理解していただくことが重要だと思います。また、裁判について目の肥えた市民が増えることは、裁判の質を上げていくことにもつながるでしょう。もちろんプロスポーツ等とは異なり、裁判の場合は、どなたでも、例えば交通事故や相続争い等で、裁判の当事者になる可能性があります。激烈な言動が横行する現代においては、冷静に立証と理を尽くして結論を出していく裁判手続は、皆さんの権利保障や紛争解決のために特に重要です。裁判についての正確な基礎知識を持っていただくことは、裁判をより使いやすく、より身近なものにするでしょう。

そんなことを考えて、私たち日本裁判官ネットワークは、市民の皆さんが素朴に抱く裁判の「ギモン」に率直に答えて、裁判の基礎知識をお伝えすべく、このブックレットを編みました。現役裁判官の執筆のほか、老練な元裁判官にもサポーターとして執筆協力をしてもらっています。

ぜひ司法に希望を持って下さい

私たちは、一九九九(平成一一)年に始まった司法制度改革の意義を正しく評価し、司法に希望があることを、若い法律家や学生等に伝えるため、二〇一六(平成二八)年一一月に『希望の裁判所』(LABO刊)という本を出版しました。このブックレットには、その市民版という性格もあります。本書によって司法を少しでも理解していただき、裁判が司法制度改革等を通じて変化してきていることを知っていただき、司法に希望が持てると思っていただければ幸いです。

Q1 裁判所にはどんな種類があって、何回チャレンジできるのですか。

【裁判所の種類と三審制】

裁判の記事は、毎日のように新聞紙面やテレビ番組で紹介されますが、日本人は、裁判手続を自分で使うことは、おそらく先進国の中で一番少ない国民ではないかと思います。ですから、その手続に詳しい方は、法律家を除けば、ほんのわずかしかおられないかもしれません。

本書を手にとられた皆さんには、裁判手続に関心を持たれた何らかのきっかけがあったか、社会的な関心で興味をお持ちになったのかもしれませんね。以降のQ&Aを読み進める前提として、裁判手続ごとの流れを、ごく簡単に見ておきましょう。

裁判手続には、大きく分けると、**民事裁判**と**刑事裁判**があります。民事裁判は、刑事裁判（少年事件を含む）以外のすべてを取り扱います。市民（法人を含む）同士の権利・義務の有無（契約の履行、家の明渡し、医療過誤や交通事故などの損害賠償や労働者の権利の侵害など）を対象とする「通常民事事件」、国や地方自治体などが公的な権限で行ったこと（大きなことでは原発の設置許可などから、課税処分——一時話題になった競馬の利益に対する課税など——、公務員の免職、労災認定、運転免許の取消しなど）の適否を争う「行政事件」、離婚などの身分関係に関する「人事事件（家事事件）」などが含まれています。

このような多様な裁判を裁く機関として「裁判所」が置かれていますが、**最高裁判所**（一庁）、**高等裁判所**（八庁）、**地方裁判所**と**家庭裁判所**（各五〇庁。各都府県に一カ所と北海道に四庁）、**簡易裁判所**（四三八庁）の五種類の裁判所があります。最高裁判所以外には、本庁のほかに支部や出張所が設けられているところもあります。

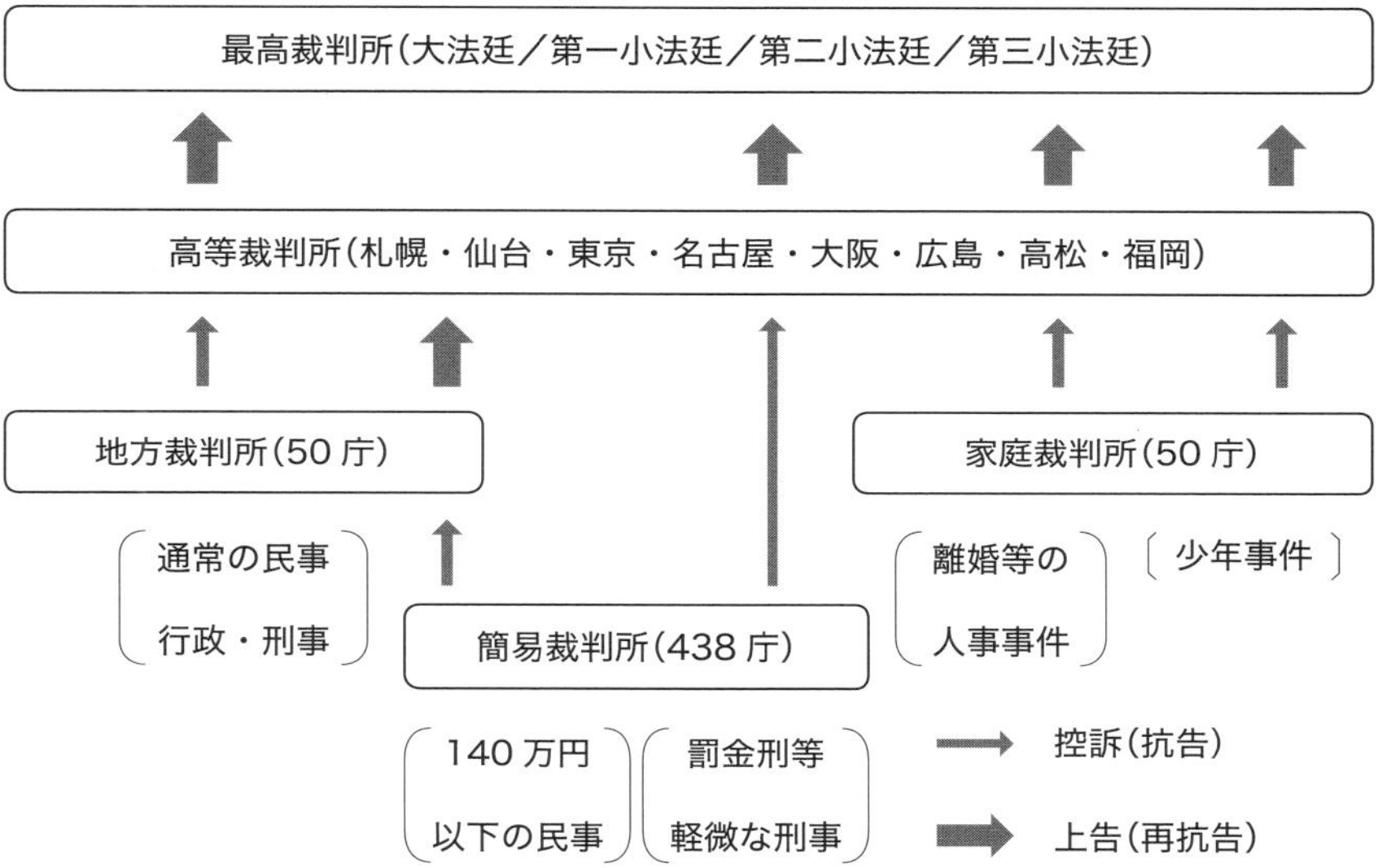

裁判の回数

日本の裁判は、明治時代以前には奉行所が中心に担当しており、原則、裁判は一回きりでした。明治時代にドイツやフランスの裁判制度などを研究した結果、全国に裁判所ができ、ドイツの制度にならって、ほとんどの裁判は、三回チャレンジできる「**三審制**」(第一審→控訴審→上告審)が採用されました。間違った裁判を見直す機会を制度化したものです。

裁判は、図の下の方に記載した裁判所から始め、**控訴→上告**と進みます(少年事件だけは、抗告→再抗告と呼びます)。その三回の裁判で判決や決定が確定した場合でも、後で誤りが見つかれば、すべての手続に**再審**の道が開かれています。ただし、上告や再審は要件が厳しく、特に再審は手続が開始されるまでに五〇年近くかかる事件もあります。

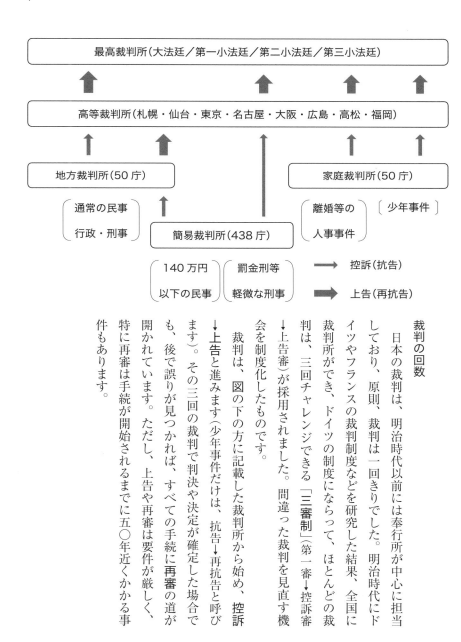

刑事事件編

刑事裁判は、起訴された人の犯罪の有無を調べ、有罪(犯罪行為が証明された)と判断された時は、それに相応の罰(刑)を与え、犯罪の証明ができなかったり、犯人であることが不明だったりする場合に無罪とする手続です。

刑事裁判は、検察官が起訴(公訴)をすることによって始まります(起訴独占主義)。起訴に向けて、警察及び検察庁が任意または強制手段(容疑者の逮捕・勾留、捜索等)をもって捜査を行います。刑事事件についての争いは、この起訴前の捜査段階から始まります。身体の拘束(逮捕・勾留)が正当かについて裁判官に説明を要求すること(勾留理由開示請求)や勾留の裁判の取消しを求める手続(準抗告)などがあり、弁護人は、起訴されないように種々の活動を行います。捜査対象となった事件のうち、起訴されるのは三割を切っています。起訴されれば、「九九・九%」といわれるほど有罪率が高いので、起訴を阻止する闘いは、弁護活動としては極めて重要です。

1 第一審

軽微な事件は、簡易裁判所で一人の簡易裁判所判事が担当します。それ以外はすべて地方裁判所が担当し、重い事件は合議事件(Q23参照)として三人の裁判官が審理し、それ以外は一人の裁判官が担当します。

二〇〇九(平成二一)年五月から、第一審で特別重大な犯罪について、市民が裁判官とともに犯罪の成否と量刑までを決める「裁判員制度」(Q6参照)が行われるようになりました。

2　第二審（控訴審）

第一審の判決に不服がある被告人は、すべて高等裁判所に控訴することになります。刑事控訴審は、第一審の裁判手続が法律違反である時、第一審で調べられた証拠からみて誤った判断（事実誤認）をしている時、刑罰が重すぎる時（量刑不当）など、控訴できる場合が制限されています。控訴審で第一審の判決が変更されるのは、一割程度です。

3　第三審（上告審）

控訴審の判決に憲法違反など重大な問題がある場合には最高裁に上告することができますが、控訴審の判決が変更されるのは、一〇〇〇件のうち一、二件程度しかありません。

4　再審

いったん確定した判決について、冤罪であったことを示す「明らかな証拠をあらたに発見した時」などに再度審理を求める再審制度があります。戦後まもなくには、誤判（間違った判決）で死刑を宣告された人が四人いました（免田事件、松山事件など）。死刑の確定から三〇年前後も経って、ようやく再審で無罪となりましたが、長年にわたり死の恐怖と戦うことを余儀なくされたのです。最近でも誤判は根絶されてはいません。再審制度は、刑事裁判でも「開かずの門」といわれており、これをこじ開けるのは極めて難しいですが、刑事司法のあり方を考えていくうえでも重要な課題です。

Q2 悪いことをした人に、なぜ黙秘する権利や国が弁護士を付ける制度があるのですか。無罪の可能性がある人ならともかく。

【黙秘権、国選弁護人制度】

最近の事件を元に考えましょう

この質問は、「悪いことをした人」が現に存在することが前提ですね。

一九九五年七月に大阪市東住吉区の住宅の駐車場で火災が発生、住宅が全焼し、駐車場に隣接する浴室で入浴中だった小学校六年生の女の子Aが死亡しました。この子には一五〇〇万円の生命保険がかけられており、母とその内縁の夫には借金があり、保険金目的の殺人との嫌疑で二人が逮捕・勾留されました。警察は、二人が自動車のガソリンをくみ出して床に撒き、ライターで火災を発生させ、住宅を全焼させてAを殺害したと推定し、それを認める二人の供述調書を作成、報道機関にも発表しました。この時点ではまさに「悪い奴ら」、みんながそう思ったでしょう。

この事件で、二人と犯行を結びつける直接証拠は自白でした。裁判で二人は、自白を強要され拷問を受けたとして無罪を主張しましたが、一審の三人、控訴審の三人、最高裁の四人の裁判官たちは有罪と判断し、二〇〇六年に無期懲役が確定、二人は刑務所に収容されました。

その後、支援グループが結成されて新たな実験がなされ、自白した方法での火災発生に重大な疑問があること、実験結果に基づけば、自白内容に多くの矛盾があることが明らかにされました。二〇一六年に再審が開始され、検察官が「有罪主張をしない。裁判所において、しかるべき判決を」と述べ、一審で再審無罪判決、検察が控訴権を放棄して無罪が確定。二〇年の歳月を経て、二人に自由がもたらされました(東住吉事件)。

結果から見れば、最初にみんなが抱いた「悪い奴ら」との評価は崩れました。ほかにも平成時代には足利事件、富山氷見《ひみ》事件、志布志《しぶし》事件等があります。どの事件でも無実の人が逮捕・勾留されて、黙秘権を告げられているはずなのに、被疑者はみな警察のストーリーどおりの虚偽の自白をしたのです。

黙秘権の重要性

刑事裁判の法廷が始まると、裁判官が必ず、次のような注意を被告人にします。

「あなたには黙秘権があります。すべての質問に答えないことも、一部の質問には答え、その他の質問には答えないこともできます。答えないということだけで不利益な扱いを受けることはありません。ただし、自分から自発的に答えた場合には、その内容が自分にとって有利な証拠にも、不利な証拠にも使われますので、答える場合にはその点に注意して下さい」

この注意告知は法律上義務付けられており、すべての裁判官が同趣旨のことを告げます。同様の規定は取調段階でもありますから、取調警察官、検察官も被疑者に告げているはずなのです。

黙秘権の歴史と確立

この制度は歴史的には、イギリス法に由来しているようです。

中世から近世にかけての時代には、イギリスをはじめとしたヨーロッパ諸国でも、日本でも、犯罪の捜査と裁判の場では「自白は証拠の王」と呼ばれていました。被疑者に犯行を認めさせることで真相究明を図ろうというもので、用いられた手法は拷問でした。どの国の歴史にも、犯罪者、ことに君主に反抗した者にはむごたらしい拷問器具を用いて、無理矢理自白に追い込んだことが数多く記録されています。

その結果、無実の犯罪を自白させられて死刑になった人は、世界中に数えきれません。そのような拷問が許される社会では、人々は押し黙るか、内心を隠して迎合するかです。しかし自由な表現や思想が抑圧された社会は発展できず、停滞・衰退するほかありません。二〇世紀に入って、自白の強要は野蛮、残虐であり、人権侵害であるし、社会の発展に有害であるとの考え方が世界的に確立し、日本を含む各国で「何人も、自己に不利益な供述を強要されない」(日本国憲法三八条一項)、拷問の禁止(三六条)、国選弁護人の選任権(三七条三項)等が憲法に規定されました。

黙秘権制度の課題

近年、黙秘権発祥の国イギリスでは、一部に限ってですが「合理的に説明すべきことを告げなければ不利に働く可能性がある」ことを警告されたのに黙秘した場合などに不利益認定が可能となるなど、黙秘権の行使が制限されました。それは、黙秘権によって被疑者・被告人を保護することが必要なのか、黙秘権行使が犯罪者の処罰を困難にしているのではないか、という世論の疑問に応えた結果のようです。

しかし、そのような考え方を背景にして被疑者・被告人の保護規定を後退させることには反対も強く、再び第二次世界大戦前のような人権を無視した手続に逆戻りする危険も指摘されています。最初に紹介した東住吉事件などを見ても、その危惧が杞憂とはいえないのではないでしょうか。

質問にある「悪いことをした人」とは、判決が確定することにより決まります。東住吉事件を例にとると、最高裁であっても、間違った判決を下す危険性は否定できないのです。少なくとも、判決が確定するまで「悪い奴」は存在しないはずです(これを**無罪推定の原則**といいます)。まだ存在しない「悪い奴」からこの権利を剥奪できないことは理解いただけるでしょう。

国選弁護人は必要？

被疑者や被告人に、十分な法律的知識のある「プロ」は滅多にいませんので、黙秘権など正しい法的な権利を教えたり、被疑者・被告人側に有利な証拠を集めたりするには弁護士の支援が必要でしょう。また、被害者側との円満な話し合いも、逮捕・勾留中は本人にはできませんので、貧困等の要件を満たせば、勾留された被疑者と起訴された被告人には、国選弁護人を付すことができます。逮捕段階では、国選弁護人を付けられませんので、弁護士会が独自に「当番弁護士」制度を設け、二四時間受け付けており、弁護士ができるだけ早く留置施設に駆けつけ、基本的な注意事項を指導し、被疑者の要請等を家族に伝えるなどします（この段階では一回限りですが、弁護士会が弁護士費用を負担します。逮捕時（勾留決定前）の面会は弁護士のみが可能ですので、重要です）。

「悪い奴」に税金で弁護士をつけるなど論外では、という思いは理解できないではありませんが、「悪い奴」と決めつける前に、貧富の差なく、必要な援助をする制度も不可欠ではないでしょうか。仮に身内の人がそのような事件に遭遇された場合を考えてみて下さい。

ちなみに国選弁護費用は訴訟費用となり、有罪となった場合は原則として被告人の負担です。資力がない場合には免除されますが、大半の場合は回収されています。

Q3 満員電車で痴漢を疑われたら、何日も勾留されるので、身に覚えがないなら逃げた方がよい、と聞きましたが本当ですか?

【逮捕・勾留制度】

会社に定時に出勤しなければならないため、息苦しい満員電車を我慢しているサラリーマンにとって、覚えのない痴漢の犯人にされることほどひどいことはありません。疑われないため、両手で吊り革につかまる、鞄を両手で持っていることを他人にもわかるようにする、女性の近くに立たない、など涙ぐましい努力がされています。しかし、悪質な痴漢は跡を絶たないし、逆にわざと痴漢をでっちあげ慰謝料を取ろうという女性の事件も発生しています。

必ずしも軽罪とはいえない痴漢

痴漢は程度が軽い場合は迷惑防止条例違反、重い場合は強制わいせつ罪となります。前者でも懲役刑または罰金刑が科せられます。程度が軽く初犯でも、逮捕や勾留はあり得ます。逮捕なら七二時間以内、それに続く勾留なら一〇日または延長して最高二〇日身柄拘束されます。日常生活への影響が大きいでしょう。かと言って、単純に逃げた方がよいというのは誤りです。痴漢だと言われた時に、身に覚えがなければ、やっていないと強く否定し、名刺を相手に渡す、免許証や身分証明書を相手の携帯電話で写真に撮らすなどして身元を明らかにし、逃げ隠れしないことを伝えることが大事です。そのうえで、逮捕されないために現場を立ち去るかは、刑事事件に詳しい専門家の間でも意見が分かれます(逮捕を免れることが第一という意見もあれば、立ち去ったことで、かえって後々不利になるという意見もあります)。現場から立ち去るのが難しい場合は、周囲を見渡し、「私はやっていません。どなたか証言していただける方はおられませんか」と証人を探し、弁護士を呼ぶことが考えられます。駅員に駅舎に連れて行かれた場合は、逮捕の危険が高まりますので、被害者の衣服の繊維片が手（特に手の平側）についていないことを明らかにするため、繊維片の採取を自ら申し出るなど積極的に潔白であることを明らかにすることが考えられます（現在の科学捜査研究所には、目に見えない繊維成分でも分析する能力があります）。

弁護士による裁判官に対する事前面談の成果

最近は被疑者が逮捕された場合、勾留前の段階で、私選弁護人が勾留担当裁判官に対し事前に面会を求め（電話で話す場合が多い）、勾留請求を却下するよう求める事例が増えてきました。そのような事例では、勾留請求を認めれば弁護人から、勾留請求を却下すれば検察官から、どちらにしても不服申立て（準抗告）がされることが必至です。つまり不服申立て（準抗告）がなされると、準抗告担当の三人の裁判官が午後五時を過ぎても裁判所に居残る、あるいは裁判所へ呼び戻されて夜遅くまで準抗告を審理判断するはめになりますので、従来はそれに「気兼ねする」裁判官も存在したことは残念ながら否定できませんが（重大な身柄拘束の適否を判断するのは裁判官の重い責務であり、準抗告審の裁判官に気兼ねするのは本来は論外なのですが…）、今日ではそうした気兼ねは、客観的に不要になったのです。検察官と弁護士とを戦わせて、裁判官はその中間に立って戦いの優劣を判断すれば足り、裁判の形態として理想的になったといえます。

痴漢を否認しても勾留請求が却下される理由

痴漢事件で、事前に狙っていた女性が被害者である場合を除けば、被疑者は女性の氏名・住所を知らないと認められるのが通常ですから、その女性に働きかけて証拠を隠滅する現実的可能性がある、とは言いにくいのです。また有罪となった場合に予想される刑罰は、前歴のない被疑者であれば罰金であって重くはないですから、被疑者が逃亡する現実的おそれがあるとも言いにくいのです。そのような理由で、勾留請求が却下される場合が増えているようです。裁判員裁判導入をきっかけとして、より重い罪も含め、勾留や保釈の判断について、裁判官の感覚にも変化が見られます。

最高裁で無罪となった痴漢冤罪事件

一審、二審で有罪とされた痴漢事件が、最高裁でようやく無罪となった例があります(最高裁平成二一年四月一四日判決)。若い女性の被害者がこのような事件で軽々しくうそをつくはずがないとの論理で地裁・高裁が有罪としたのに対して、最高裁は、この種の事件は客観的証拠が得られにくく、被害者の供述のみが証拠となることも多く、被告人が有効な防御をすることも困難であるという特質があるから「特に慎重な判断をすることが求められる」と指摘。そして被告人から痴漢被害を受けたという被害者が途中駅で押し出されたにもかかわらず、同じドアから再び車内に戻ったためさらに被告人から痴漢行為を受けたという供述内容等に不自然さがある、などとして、被害者の供述内容に全面的な信用性は認められない、犯人とは断定できない、としました。この事件経過をみても、痴漢冤罪を晴らすのは容易ではないことが明らかですが、この判決を契機に、痴漢は捕まればほとんど有罪という流れは少し変わりつつあります。

ですから、身に覚えのない痴漢を疑われたからといって、絶対に走って逃げてはいけません。痴漢をしていないことをハッキリ強く主張し、自分の身元を示す明確な資料を被害者あるいは逮捕しようとしている者に示して記録させるのが大事です。そのうえで、立ち去ることができない場合、弁護士を呼ぶなどの対応をとりましょう。ホームから飛び降りるような危険な逃走をすると、痴漢を認めたのと同然ですし、別の犯罪

（鉄道営業法違反等）にもなります。そして、このような事件に巻き込まれないようにするためには、冒頭で言及したように、両手を他人の見える状態にしておき、「キャー、痴漢」などと叫ばれた場合には、周囲の人に自分の両手の位置を確認してもらい、「私ではないですよね」と確認し、できれば証人になってもらうよう依頼するなど積極的に潔白を明らかにする行動をとるとよいでしょう。先にあげたような客観的証拠が大切です。

コラム1　「有罪慣れ」は怖いですね

社会のどの分野でも長年の経験を積んだベテランは、その世界では尊敬される存在です。長年の切磋琢磨で磨かれた技術や、困難な場面を乗り切った貴重な体験を持っているからです。

ただ、私は長年刑事裁判を経験した者として、刑事裁判官の「有罪慣れ」は大変怖いと思います。私が高裁で担当した事件で、ある窃盗常習犯が、一審では認めていた複数の事務所荒しの事実について、私はやっていません、と主張しました。私は、第一審では全部認めていた被告人ですから、この奇妙な主張は、刑を軽くしてもらうための方便ではないか、と疑いました。しかし、その後証拠調べを進めるうち、否認している事件のうち一件について別の警察署から「真犯人が捕まった」という連絡文書が入っていたことが明らかになりました。結局、この事件では被告人が否認した事件はすべて無罪となりましたが、私が被告人の主張に当初から疑いを持ったことを大変恥ずかしく思いました。

考えてみると、日本の刑事裁判官は九割以上の自白事件（犯行自体は間違いないが量刑に争いのある事件）を日常的に担当しているのです。そうすると否認事件はたまにしか担当しないことになり、その場合に九割以上の信用できる自白調書を読み慣れていることが、マイナスに働くおそれがあるのではないかと危惧します。刑事裁判のベテランの一人と自負していた者として、自重自戒しなければならないことと思っています。

Q4 交通事故を目撃して、警察に呼ばれて、見たままを詳しく話しました。もう裁判所に呼ばれたりしないですよね。【伝聞証拠の意味】

伝え聞きのあやうさ

皆さんは伝言ゲームをしたことがありますか。

最初の人が「○○は××です」というような簡単な文章を隣の人に耳打ちし、それを何人かで繰り返す遊びです（遊びのようですが、法律家にとって大切な経験ですから研修でも行われたことがあります）。最後の人が聞いた内容を最初と比べてみると、まったく違っていることに驚くことがあります。こんなことが起こるのは、聞いた人が十分集中して聞いたか、聴力に問題はないか、聞いた内容にどの程度の関心や知識があったか、隣の人に伝える表現力に問題はないかなど、人から聞いたことを他人に正確に伝えるには、数々の関門（伝聞の危険性）があるためです。

その人が直接体験したのではなく、人から伝え聞いたことを述べる場合は、その正確性に厳しい吟味が必要ということがおわかりいただけると思います。

原則として伝聞証拠は信用されません

裁判では、言うまでもなく民事でも刑事でも、当事者の納得できる手続と結果を目指しています。裁判所の判断が事実に沿っていることが、裁判の命です。事実とかけ離れた認定をして、そのうえで精緻な法理論を展開しても、その結論に納得する人はいません。事実を認定するための証拠は信用できるものを厳選しなければなりません。その選定に最初から漏れる証拠が「**又聞きの証拠**」、すなわち**伝聞証拠**です。「誰それさんがこう言っていたよ」という証言内容は、伝言ゲームと同様に、まず「伝聞の危険性」があるからです。極刑も定められている刑事裁判では、とりわけ慎重を期するために、原則としてこのような伝聞証拠は証拠としてはならないと定めています（刑事訴訟法三二〇条一項）。

伝聞証拠の具体例

この規定がもっとも威力を発揮するのは、人の供述を書き取った書面は原則として使えない、ということです。捜査官が聞きとって書き上げた供述調書は、捜査官が間に入っているため本人が直接述べたものではありませんから、すべて伝聞証拠扱いとなり、原則として証拠にはなりません。したがって刑事裁判では、すべて証人から直接聞くことが原則となります。

これに対して民事裁判では、このような規定がありません。そのため、伝聞証拠に該当する多くの書面が証拠として提出されます。これが、法廷傍聴をすると刑事裁判はわかりやすいが、民事裁判は何をしているかわからない、と言われる主な原因です（Q7参照）。民事裁判ではすべて証人によって判断するのが事実上困難という理由もあります。しかし、主として財産関係を扱う民事裁判であっても、できる限り事実に沿う判決が必要なことは間違いありませんから、契約書、領収書、金融機関の記録等、信用できそうな書類を中心に判断する必要があり、伝聞証拠の扱いには注意が必要です。

このように刑事裁判と民事裁判では証拠の扱いは違います。刑事裁判の原則からしますと、冒頭の質問のように、警察で目撃した交通事故について詳しく話し、その内容が供述調書にされたとしても、それは原則として証拠にはなりません。そのため、特に被告人が争う場合には、裁判所に証人として呼ばれる可能性があります。真実解明に協力するのは国民の義務ですので、裁判所から呼び出しがあればぜひ協力して下さい。

伝聞証拠の例外的採用

刑事裁判では、すべての証人を呼ぶといっても難しいことがあります。証人の死亡、重病、国外にいる、行方不明などの場合です。このような場合は伝聞証拠が例外的に採用されます。

例外となるかどうかについてもっとも深刻な争いになるのが、被告人の自白調書です。法律では被告人の任意の自白には強い信用性が認められるとして、自白調書を証拠として認めています(刑事訴訟法三二二条一項)。この「任意」という言葉がなかなか曲者です。真の意味で任意に自白したのであれば問題ないのですが、密室である取調室が問題になります(Q2参照)。無理に言わされた、いや自発的な自白だと、深刻な水掛け論となります。これは刑事裁判が長期化する原因ともなっています。

最近になって、裁判員裁判対象事件などの重大事件については取調べの録画が義務づけられましたから、このような水掛け論は今後減少していくでしょう。捜査側も自白に頼らない捜査手法に力を入れているようです。しかし、重大事件以外では、自白は被告人が任意にしたものであるか(自白の任意性)が争われることは今後もあり得ますし、その際に、検察官側に有利な一部の録画のみが証拠として出されてかえって混乱することもあるかもしれません。そのため、すべての事件について、取調べの全面録画化が望まれます。

Q5　悪いことをした人に国が弁護士を付ける一方で、被害者には付けないのはなぜですか。被害者が無視され、不公平ではないですか。【被害者参加制度】

もともと、被害者は刑事裁判の当事者

歴史的に見ると、刑事裁判は、被害者のいる犯罪については、被害者が裁判所に犯人の処罰を訴え出ることから始められました（私人訴追主義）。民事裁判と同じ構造で考えられていたわけです。

しかし、実際には一個人が犯罪の証拠を集め、法律を適用して起訴することは困難ですから、次第に捜査し起訴する専門機関として警察署や検察庁が発展したのです。それでも、英米法では今でもこの私人訴追の考え方が生きているといわれています。この考え方によれば、被害者が刑事裁判に参加し意見を述べたりするのは、当然の権利です。

被害者は刑事裁判の邪魔者？

ところが、ドイツ、フランス等の大陸法系の刑事裁判においては、刑罰は私人に代わって行う国家の行為であり、刑事裁判は国の意思決定を示す場とする考え方が主流となりました。この考え方によれば、被害者は法廷には原則関係がない人として、無視されることになります。

日本の刑事訴訟法は英米法に基礎をおいていると言われますが、刑事裁判に対する基本的な考え方は旧刑事訴訟法と同じく、大陸法系の考え方が維持されてきました。そのため、被害者が検察官に被害状況の再捜査や被害感情を訴えようとしてもなかなか聞いてもらえず、むしろ余計な口を出す人物として邪魔者扱いされたこともありました。法律上、被害者が登場する場面が想定されていませんでしたから、これはやむを得

なかったと言えます。

現在では被害者参加あり、国選の被害者参加弁護士制度もあり

しかし、刑事裁判において、被告人の権利が保障されているのに比べ、被害者の権利がまったく認められないのはおかしいとの犯罪被害者団体等の粘り強い運動によって、これを支持する世論が次第に盛り上がり、次のような内容の、刑事裁判に対する**被害者参加制度**が創設されました。

① 一定の重罪の場合に検察官に被害者参加の申出をし、裁判所の許可を得て法廷に出席することができる。
② 被害者参加人が直接証人尋問や被告人質問をすることができる。
③ 検察官とは別に被害者参加人が意見を述べたり、論告(罪を論じて具体的刑罰を求めること)をしたりすることができる。
④ 国選の被害者参加弁護士を選定できる。

被害者参加裁判の実際

現在では、殺人罪、傷害致死罪、自動車運転過失致死罪、若年者に対する性犯罪等では、遺族や保護者などが被害者参加弁護士の支援を受けて、検察官の隣に座り法廷に参加している風景がみられます。まれではありますが、被害者参加人が証人尋問や被告人質問をすることもあります。

一番利用されているのは、検察官が論告意見を述べた後に、被害者参加人が意見陳述をする機会でしょう。そこでは被害者参加人が、証拠の見方や量刑(自分が「適切」と思う刑罰の量と内容)に対する意見を堂々と

述べることができます。

日本の刑事裁判は様変わりしたと言えます。

懸念

もっとも、被害者参加制度が充実したことに対して、被告人への過度の圧力にならないか、被害者の感情的な意見によって量刑が不当に重くならないか、などの懸念が出されています。確かに、そのような心配がないとは言えません。

しかしながら、重大犯罪の場合に被害の結果を被告人が直視せざるを得ないことは、ある意味では当然です。また、被害者の感情的にすぎる根拠のない意見は、被害者参加弁護士が適切に指導する必要がありますし、被告人の弁護人も根拠がない意見であることを主張し、防御をはかることが可能です。

被害者参加制度の適用される犯罪と重複することの多い裁判員裁判の場合にも、被害者の感情的な意見にいたずらにひきずられているとの批判は少ないようです。評議が裁判の素人とはいえ真剣に耳を傾けている裁判員と、三人の職業裁判官とでなされていることの結果でもあるでしょう。

いずれにしてもこの新しい制度は、日本の刑事裁判に定着すると考えられます。

Q6 「裁判員候補者になりました」といういかめしい封書の通知がきました。私は裁判員になりたくないのですが、どうしたらよいですか。【裁判員裁判】

経験者の生の声

確かに、裁判員という非日常的で責任が重そうな役目を引き受けたくない、と誰しも考えると思います。それはごく普通の感覚ではないでしょうか。ところが実際に体験された方の印象は、かなり違うようです。裁判員経験者一四人の声を集めた手軽に読める本があります(田口真義編著『裁判員のあたまの中』現代人文社)。ここには、裁判員に選ばれた直後の気持ちとして、「なんで私が選ばれたんだろう」「家族から何か悪いことをしたのかと聞かれた」「やる気なし満々」などの正直な言葉が並んでいます。しかし、実際に裁判を担当した後の感想としては、「お金を払ってでもやりたい」「人生、全部変化」「司法が近づいてきた」などの印象的な感想が並んでいます。

そのように気持ちが変わった理由はさまざまでしょうが、実際の裁判のすべての証拠を検討し、重い判断を九人の熟議によって行うことの充実感を味わい、そのような得がたい経験をしたことによるご自身の変化を実感したためではないでしょうか。

裁判員経験者の一人は、「視野がとても広がりました。自分で体験したことは、理解の仕方が全然違う。(それぞれの)立場を考えられるようになりました。被害者の立場で考えてしまいがちですが、被告人の立場や司法の役割を考えるようになった。私たちは法律で守られている、ということを実感できました」と語っておられます(前掲書九七頁)。

裁判員裁判の大切さ

経験者の言葉からは、裁判員は進んでなりたくはないにしても、仮に引き受けた場合には、「ほかでは得られない貴重な体験」ができるものだ、と考えていただくほうが実態に合っていることがうかがえます。

世界的にみても、英・独・仏・伊・韓・露・北欧諸国などの主要国では、刑事裁判に何らかの形で国民が参加する制度が採用されています。

どの国でも、喜んで刑事裁判に参加しようと思う人は少ないでしょうが、それでも国際的にみれば、国民参加の刑事裁判制度は確立しており、むしろ拡大傾向です。なぜかといえば、どこの国も、大方の国民が納得する刑事裁判を目指すことにより、社会の安定を図りたいと考えているからです。犯罪、特に社会の耳目を集める重大犯罪の発生は、社会に大きな不安感や犯人に対する憎しみ、被害者や遺族に対する深い同情、捜査機関に対する激励や非難などさまざまな波紋を生み、社会の不安定化を引き起こします。そうした事象に対し、裁判所が納得できる手続を経て説得力のある判決を出すことは、そのような心理的動揺を鎮め、社会の安定を取り戻す効果があります。そして、社会に安定を取り戻せるような説得的な結論を導き出すことは、少数の専門裁判官のみではなかなかできません。社会的経験や社会に対する見方がそれぞれ異なり、時には対立するような見解の複数の市民の参加が不可欠ということになります。

『一二人の怒れる男』(一九五七年)というアメリカ映画では、殺人事件をめぐって一二人の陪審員が真剣に議論する様子が生き生きと表現されていますが、この映画の原作者は殺人事件の陪審員を経験したことからこの作品を執筆したそうです。三谷幸喜氏脚本の映画『一二人の優しい日本人』(一九九一年)はこの映画をパロディ化した作品ですが、意見のあやふやな人、早く帰りたい人、人の意見にすぐ影響される人、意固地な人など、日本人らしい個性あふれる人たちの議論の様子が非常に良く描かれています。年齢、性別、社会経験、職業などが異なる人たちが、法律専門家である裁判官と対等に活発な議論を交わす裁判員裁判は、大方が納得する結論を得やすい制度としてとても優れており、今後大いに育てていかなければなりません。それこそがこの国の安定と発展を支えることになるからです。

裁判員裁判を実際に担当した裁判官の感想を聞いても、証拠の評価、有罪か無罪か、どのような刑にするべきかについて、裁判員から多面的な意見を聞くことができ、大変参考になった、また裁判員の皆さんが、当初裁判員になりたくなかったという方を含め、大変真面目に議論していたことに驚いた、という答えが大半でした。国民参加の裁判は、「民主主義の学校」と言われることがあります。今さら学校には行きたくないよ、という気持ちのままで結構ですから、貴重な未体験ゾーンにぜひ足を踏み入れて下さい。

裁判員を断れる制度もあります

もっとも、裁判員になることを断ることができる法律上の制度がありますので、最後に紹介しておきます。過去に禁錮以上の刑を受けた人、当該事件の関係者、国家公務員、法律専門家、警察官、自衛官などは裁判員になれません。また、七〇歳以上の方、学生・生徒(つまり大学生以下すべて)、裁判員経験者や一度候補になったことがある方(過去の一定の年数内)、重い疾病や出産間近の女性、介護・養育・葬儀・災害等により出頭困難な方、重要な仕事があり他の人に替われない方などの場合は、辞退の申出ができます。辞退を認めるかどうかの判断はわりあい柔軟にされているようですから、出頭困難な事情のある方は最寄りの裁判所に相談してみて下さい。

民事事件編

通常の民事裁判は、事件の内容（請求する金額等やその原因）や当事者の住所等によって、審理をしてもらえる裁判所（管轄裁判所）が異なります。正しい管轄裁判所を選択し、訴状を出すことから始まります。

1　第一審

請求したい額が一四〇万円以下であれば簡易裁判所、それを超える場合であれば、地方裁判所に訴状を提出します。訴状を出す側を「原告」、請求の相手方を「被告」といいます。

訴状には、原告から被告に対し、何を要求するか、その要求をする原因（理由）を書き、その裏付けとなる証拠を提出します。

それに対し被告がその訴状に記載された事実を認めるか争うかを記載した答弁書を提出します。さらに双方が反論を出し合い、「争点」が固まると、その争点に関する証拠調べをして、真偽を検討し、法を適用して、判断をします。その全過程を通じてできあがった裁判官の心証に従って、判決が出されます。ただし、判決前に当事者が求めたり、裁判官が適当と考えたりした場合は、双方に話し合いでの解決（和解）を勧めます。実際に和解が成立するのは、全事件の三割強です。

なお、最初から訴訟ではなく、裁判所も関与して話し合いでの解決を希望する場合は、「調停」という制度があります。一部には、訴訟の前に「調停」を経なければならない事件（賃料の増減額訴訟など）もあります。

2　第二審（控訴審）

第一審判決に不服がある場合は、直近の上級の裁判所に再度の審理を求め（控訴）、リベンジする機会を持つことができます。控訴審の裁判では、第一審で主張できなかったことを追加して主張したり、新たな証拠を提出したりすることなどもできる制度（続審制）となっていますが、追加の主張や証拠が採用されるのには限界があり、一回の法廷で審理が終わってしまうこと（「一回結審」）が八割くらいあります。

控訴審で第一審判決が変更されるのは、判決では二割強。和解により解決される事件も一定数は一審判断を変更する内容のもののようですので、あわせれば三割近くが変更されているようです。

3　第三審（上告審）

控訴審の判決にも納得できない場合は、さらに上級の裁判所に控訴審の判決の再考を求める道（上告と上告受理）はありますが、対象は憲法違反や法令解釈に関する重要な事項などに限られます。多くの訴訟の争いの中心である事実認定の問題は原則取り上げられず、極めて狭い門です。

4　再審

判決が確定した場合でも、著しい誤りを正す必要がある場合には再審制度はありますが、要件は限定されており、「開かずの門」と言われることがあります（八二頁参照）。

Q7

民事の裁判を傍聴しましたが、法廷に人が入れ替わり立ち替わり出入りして、呪文のようなことを繰り返しているだけで、何をやっているのかさっぱりわかりませんでした。もっと傍聴人にわかるようになりませんか。

【傍聴人にもわかりやすい民事裁判】

裁判傍聴の自由

民事裁判の傍聴に行かれた方は、ほとんどが同じ感想を持たれます。「裁判ウォッチング市民の会」という有志の方々の会があり、定例的に傍聴をしておられますが、傍聴されるのはほとんど刑事裁判のようで、普通の民事裁判を傍聴された方からは、裁判官が居眠りしていたのではないかなど、裁判の内容とは関係のない感想しか出ないようです。

著名な事件では、民事でも刑事でも大勢の傍聴希望者がこられ、抽選で傍聴できる人が選ばれ、傍聴券が配られますが、普通の事件では、直接見たい法廷に行けば自由に入れます（東京・大阪・神戸・名古屋・福岡・横浜などでは裁判所に入る時に所持品検査があります）。

傍聴でわかること

刑事裁判では、検察官が起訴状を朗読し、事件の背景等も含めて、どんな証拠で起訴事実を証明するかを口頭で説明（冒頭陳述）し、弁護人側も起訴事実を争う場合は、その理由を口頭で説明（弁護人の冒頭陳述）し、反対の証拠も説明します。書面も一部は調べられますが、中心は証人尋問ですから、傍聴していれば何が争点か、被告人が反省しているかなども手に取るようにわかります（裁判員裁判では、市民の裁判員がどのような疑問を持って質問しているのか傍聴人でも見当がつきます）。

それに対し、一般の民事裁判を傍聴する人がほとんどいないのは、質問にあるように、民事裁判は、法廷で何をしているのかほとんどわからないからです。大型あるいは著名事件では、訴状なども実際に読み上げられたり、要旨を弁護士が口頭で説明したりしますが、ほとんどの事件では、裁判官が「訴状を陳述されますね」と尋ね、弁護士が「陳述します」と答えるだけで、どんな主張をしているのか傍聴人にはわかりません。証拠調べも同じで、証拠書類はすべて番号（原告側が「甲」、被告側が「乙」）でやり取りされ、それに何が書かれているかさっぱりわかりません。証人等の尋問で、ようやくどんな争いかが概ねわかってくるというのが多くの民事裁判です。そんな状況ですから、わざわざ傍聴に行っても興味がわかないのは無理からぬことです。もし一般の民事裁判に関心があるのであれば、証人等の尋問のある法廷をお勧めします。

傍聴の意義

裁判傍聴の制度は、実は、適正な裁判を保障するため、憲法八二条一項で決められた重要な制度です（裁判の公開）。もっとも、裁判は直接には当事者のためにするもので、傍聴人のためにするものではないので、いちいち書面を読んだりする時間を省き、当事者にとって迅速な審理を進めるのも、まったく理由のない慣行とまでは言えませんが、もう少し、民事裁判の大事な原則にも配慮が必要でしょう。

今の民事裁判では一般的に、当事者双方の言い分を聞いて争点を決めるのは、ほぼ密室で一般の人が傍聴できない状態の弁論準備という手続で行われます。そこで決まった争点については、集中証拠調べ（通常一日か半日）が法廷で行われます。ですから、争点を整理するまでは、ほぼ裁判の公開イコール傍聴の制度の適用はありません。

ただ、裁判でもっとも重要な証拠調べは公開法廷で、しかも集中して行われますから、そこをしっかり見れば、裁判が適正に行われているか否かは、ある程度理解できると思います。

口頭主義の衰退

民事事件に限らず、裁判の大事な原則の一部として、口頭主義の原則があります。実際に口頭で議論されれば、傍聴していても事件の本質はわかります。昔はもっと法廷で議論していましたが、時間の節約などに配慮するようになり、ほとんどが書面の交換の場になっているのが実態です。

アメリカなどでは、国民が強い関心を持っているような事件では、テレビ中継までされることがあります。もちろん口頭主義が徹底しなければ、意味のある実況中継にはなりません。事件の当事者になった方は、たまには法廷に行き、自分の事件でどんな審理がされているかを見ておくとよいと思います。そうすれば、弁護士もわかりやすく訴訟を進めようと考えて、口頭での議論に努力するでしょうし、相手方も口頭で反論することになり、法廷に活気が出てきます。

そのような法廷なら、民事裁判でも傍聴する価値が少しは高まるのではないかと思います。

コラム2　裁判官も人の子
――甘い物にはつい手が伸びて

民事裁判を担当していると、時に、当事者や第三者の住居に赴いて本人尋問や証人尋問をすることがあります（所在尋問）。その方が高齢であるとか病気療養中で裁判所まで出頭できない場合などです。その際、家族の方から湯茶の提供を受けることがあり、裁判官として、提供されるまま飲んでいいのかがひとつの問題です。

刑事裁判の場合は裁判の公正さに対する神経質なまでの注意が必要といわれていますし（この点については、先輩裁判官である原田國男氏に「紅茶を出されたら…」という格好のエッセイがあります。岩波新書『裁判の非情と人情』所収）、民事裁判でも、当事者宅にお邪魔した場合には、湯茶であっても他方の当事者の手前遠慮するのが望ましいといわれています（最近では裁判官がペットボトルを持参することが少なくありません）。

さて、第三者的証人の場合、すなわち、どちらの当事者とも利害関係のない場合はどうかです。本来裁判所まで出向かねばならないのに、証人の体調等に配慮して裁判官がわざわざ証人宅まで来てくれたということで、家族の方が恐縮して、湯茶を提供することが頻繁にあります。私はこの場合は遠慮なくいただくことが多いですね。双方の代理人や同行した書記官にも促されることがあります。時に、湯茶に加えてお菓子を差し出されることもあります。普通は遠慮することが多いのですが、ある事件の所在尋問の時、たまたま午前の証拠調べが昼休みまでかかったため、昼食を取ることなしに赴いた影響で、空腹でおなかが鳴りそうになりました。実際鳴ったのかもしれません。尋問では記憶が薄れたこともあって実のある証言ができなかったおじいさんが、お盆に一杯の御菓子を出してくれるではないですか。空腹とおいしそうなお菓子の魅力に負けて、思わず、御菓子に手を出してしまいました（同行していた書記官は遠慮して手を出しませんでしたが……）。ひとつ食べるとおいしいので、もうひとついただこうとして御菓子に手を伸ばそうとした矢先、証人だったおじいさんからひと言、「あんたばかり食べないで、お連れの人にも勧めなさい」。

裁判官時代、いろいろな失敗をして恥ずかしい思いをしてきましたが、その中でも、忘れられない出来事のひとつです。

Q8 裁判官は、法律のプロかもしれませんが、医者でもないのに、医療過誤が争われるような裁判で正しい判断をできるのですか。【専門訴訟】

ごもっともな質問です

裁判官といえども、何にでも精通しているというわけではありません。昔から専門訴訟として、知財（知的財産）訴訟、医療訴訟、建築訴訟、行政訴訟などでは、その分野に精通していない裁判官は大変な苦労をしたものです。最近はＩＴ全盛期を迎え、ＩＴに関連した紛争も多発し、新たに専門知識の必要な事件が増えています。専門知識が不十分であるのは裁判官に限らず、弁護士も一部の方を除いて、まったく同様です。質問はまことにごもっともなのです。

通常の民事訴訟では、訴えを提起した側（原告）が七割程度勝訴（一部勝訴を含め）しますが、医療訴訟では、患者側（遺族を含む）が勝訴するのは、一部勝訴も含め二割程度しかありませんし、公的な病院に対する医療訴訟ではその半分になります。

専門訴訟の難しさ

このような専門外の事件を裁判官がいかに判断していくのか、医療事件で考えてみましょう。

実際の医療の現場は、その時代で標準的に考えられている治療方法（「医療水準」と言います）を念頭にしつつ、刻々と変化する状況について、さまざまな想定をしながら治療を進めていくため（これを「前方視的判断」と言います）、後から見れば、こうすればよかったのではないかというようなことが起こりやすく（「後方視的判断」と言います）、患者さんや遺族の方は、結果から逆に考える傾向があります。このような見方の違いで、裁判所が過失を認めないケースが起こりやすいという医療特有の問題もあります。

しかし、それだけでなく、医療機関側は、自身が専門家であるだけでなく、多くの学者や医師という専門家の支援を得やすいのに対し、患者側に立って、カルテを詳細に点検し問題点を炙り出してくれる専門家が少ないうえに、協力者を見いだして意見が聞けても、出身大学や学会関係などから地位や氏名を明らかにした意見書を書いてもらえないことが多く、患者側は証拠集めが難しいのです(カルテ自体は診療情報開示請求により容易に入手でき、患者側に協力してくれる医師にその点検をしてもらい、有益な情報を得ることはできますが、それを証拠化するのが難しいのです)。前述した専門訴訟における原告勝訴率が低いのは、こうした証拠収集能力の違いが大きいのです。

改善されつつある専門訴訟

司法制度改革の中で、右のような問題も課題として取り上げられ、①各種領域における専門家が、専門委員として、その分野の専門技術的見地から、裁判の全部または一部に関与し、裁判官をサポートする新たな訴訟手続への参加制度(専門委員制度)の設置、②鑑定制度の改善、③法律家の専門性の強化の三点が提言されました。

①については二〇〇四(平成一六)年から制度化され、今は全国の裁判所に一七〇〇人を超える専門委員がいます(医療関係者が約半分)。中立的な立場で裁判官に不足する専門知識の説明などをしますが、当事者も同席して聞けますので、当事者側の主張を整理するのにも役立ちます。上手に使えば「頼もしいアドバイザー」が裁判所にいるのです。

実際に専門委員を利用した例を紹介しますと、「後縦靱帯骨化症」という耳慣れない病名により下半身が麻痺した方の損害賠償事件で、医学部の教授(専門委員)に当事者を交えての説明を依頼しました。その専門委員は実際の手術のＤＶＤを持参し、映像を映しながら説明し、質問にも答えてくれました。生々しい手術記録で、手術箇所の視界、手術の手順、教科書どおりでない状況に対する対応、手術の難しさ、実際の事件との対比等、裁判官のみならず、当事者双方にとっても有益な情報が得られました。

②については、これまで鑑定人を探すのに苦労していましたが(適切な鑑定人の探索の困難、鑑定引き受け依頼の困難などに対処するため)、最高裁をはじめいくつかの裁判所に、大学病院等とのネットワークが構築され、適切な分野の鑑定人の推薦がされるようになりました。

③については、裁判官の専門研修制度として、医療については基礎研修と専門分野研修が実施され、専門訴訟を中心的に扱う専門部を置く裁判所が増えてきました。そのような専門部のある裁判所では、一般の裁判官に比べて、相当専門的な知識・経験が蓄積されてきているようです。

専門部制度の拡充によって、審理の充実と迅速化の両面でかなりの前進がありました。問題点を克服しつつ、日本の裁判所も徐々に、専門的事件にも的確に対応できるようになりつつあるのです。

Q9 二〇年前の借金について最近業者から請求を受けましたが、時効だろうと支払を拒否したところ、裁判所から訴状と呼出状が届きました。時効だから裁判所に行かなくてもいいですよね。【当事者主義】

何年で時効になる?

貸金業者が会社など商人であれば五年で時効ですが、個人が手持ち資金を貸した場合は、商人ではないので、消滅時効の完成には一〇年の経過が必要です。二〇二〇年四月から施行される改正民法では、貸主が商人かどうかに関わりなく、五年に統一されます。時効期間は借金を返さなければならなくなった日の翌日から計算します。

当事者主義・弁論主義

時効になったはずなのに、貸金業者や債権回収会社が訴訟を起こしてくることは多々あります。時効は期間の経過によって当然に裁判で効力が生ずるのではなく、時効によって利益を受ける人(貸金の場合は借主)が時効を「援用」して初めて効力が生ずるのです(民法一四五条。援用とは時効を有利に主張することですが、それを潔しとしない人もいるため、援用を要件とするのだと解説されています)。ですから質問の場合、借主は裁判所の法廷に出頭して、「原告の請求は時効です」と述べるか、出頭しない場合には、答弁書に同様のことを記載し、裁判の期日前に裁判所へ郵送しておく必要があります(出頭しないで書面で主張ができるのは、地方裁判所の場合は第一回の期日のみです)。そうでないと裁判官は、借主が時効を援用したと認定できないので、時効になったことがわかっていても、借主を勝たせることができません。これが民事裁判における

「当事者主義」「弁論主義」という原則です（Q11参照）。簡単に言うと、民事裁判では闘わずに座していては、負けるのです（民事裁判には「欠席判決」という制度があります）。

民事裁判に関わったことがなく、マスコミなどを通じてしか裁判に接したことがない方は、裁判所は真実に基づき、正しい裁判をして弱い者を助けてくれるはずだという思いがあるため、質問のような問いになるのでしょう。しかし、離婚などの人事訴訟や株主総会決議取消の会社訴訟などのように、訴訟の当事者以外の人にも判決の効力が及ぶタイプの民事裁判は別として、通常の民事裁判では裁判官は、職権を行使して真実を追求したり、当事者の主張の不足を補ったりすることはできないのです。訴訟の当事者が自らの責任において主張し立証し、または反論し反証した結果だけに基づいて裁判所は判断する、というのが当事者主義、弁論主義であり、これは民事裁判のイロハなのですが、専門外の人には難しい概念かもしれません。高校を卒業すると陪審員になることがあるアメリカなどでは、卒業までに法律のイロハを教えますが、日本ではそうではなく、高学歴の人や専門職の人であっても法律のイロハを知らない人が少なくないのです。

債権者の思惑

貸金業者や債権回収会社といった貸主側は、借主が裁判に出ず、答弁書も出してこない場合が少なくないことをよく知っており、時効になった貸金についても、裁判を起こして勝訴判決を得ているケースがあります。他方で、借主が時効だと主張すれば、あっさりと訴訟を取り下げることも多いのです。もっとも業者によっては、時効間近になると、利息だけでいいからお願いしますなどと言って払わせることがあります。それで時効はリセットされます（「時効中断」と言います。改正民法では「時効の更新」に変更）から、注意が必要です。

時効に気づいていない借主へ、裁判官はどう対応できるか

時効になっていることが明らかなのに、借主が裁判の期日に欠席し、または答弁書も出してこない場合、担当裁判官が、時効を援用する意思の有無を借主に確認するため、「次の裁判の期日にもう一回借主を呼び出します」と述べたとすれば、貸主やその訴訟代理人から、裁判官が片方の当事者に味方するもので、当事者主義違反だ、弁論主義違反だと反対されることは必至です。ですから、裁判官は次の期日を決めずに裁判を終結して、貸主の請求を認める判決をすることが多いのです。

貸主に恩義を感じて時効の援用をしない借主がいることは確かですが、それは友人間、大家と店子、社長と従業員といった個人的人間関係が深い場合であって、貸金業者や債権回収業者に対し時効の援用をしない借主は稀有でしょう。ですから、時効になれば、援用を待つまでもなく裁判上の効力を生じるもので、例外として時効の利益は放棄することができる、とする立法の方が現代社会の実情にマッチしていると思われますが、現行民法はその逆になっています。

そこで現場の裁判官らは、借主を啓発する工夫を凝らしているようです。それでも借主が何の対策もとらずに出廷して、毎月千円とか二千円の分割払いにしてほしいとする場合が跡を絶ちません。そこで裁判官は債権者に対して、一審で勝っても控訴されて時効を主張されたら完敗すると説得して、支払総額を減額させたうえ、少額の分割払いの和解を成立させるという例も聞きます。借主が、貸主の請求に対して争う態度を示した時は(例えば、借入残額がわからない、もっと弁済したはずだ等)、裁判官が貸主代理人に「時効の中断はしてあるんでしょうね?」と質問し、時効中断の有無をめぐって貸主代理人と議論をすると、借主が勝ち目のあることに気づくといった例もあるそうです。ただ、裁判所、裁判官は公正中立が命ですので、工夫にも限界があります(ともかく訴えられた場合は、裁判所や弁護士に意見を聞くことをお勧めします)。

Q10

「裁判を家に居ながらインターネットを使ってできるようになる」と聞いたのですが、本当ですか。

【民事訴訟のIT化】

インターネットを使っての訴訟の実現は、すぐそこまできています。ウェブ会議（パソコン等を使用して音声及び映像でやり取りするコミュニケーションツール）を使用しての民事訴訟手続は、二〇一九年四月からの年度で試行的に始まります。テレビ会議を使用しての手続も拡大します。「家に居ながら」とまではいかないのですが、「頼んだ弁護士の事務所に居ながら」であれば、実現が近づいています。

これまでの民事訴訟

民事に関する紛争（交通事故や土地、貸金の争いなど）で、皆さんが困って弁護士に相談に赴き、弁護士を代理人にして訴訟をする場合、弁護士は裁判所にある法廷に行き、口頭弁論という手続を経なければなりません。法廷はニュースなどでテレビに映る、あの厳粛な場所です。そのほかに主張や証拠を整理する弁論準備という手続がありますが（Q7参照）、これも小さめの法廷を使うものの、基本的には同じです。そして、法廷に出廷する前に、原告ならば、訴状や証拠を裁判所に提出しなければなりません。訴訟の手数料は、郵便局等で収入印紙を購入して訴状に貼る必要があり、手間暇がかかります。

一回法廷に行った後も、込み入った事件ほど弁護士が何度も法廷に足を運び、審理に立ち会わなければなりません。もちろん審理に応じて、主張書面や証拠を提出する必要があり、それは相手方も同じです。その結果、時間や交通費がかかることになります。遠くの裁判所だと交通費も高くなり、日当を請求されることもあります。弁護士の交通費は当然、依頼した当事者が負担することになるでしょう。双方から提出された書面や裁判所で作成される書面の束は「記録」と呼ばれ、時に何冊もの百科事典のような分量となります。持ち運ぶと、肩が痛くなるようなこともしばしばです。

民事訴訟は当事者の権利義務を判断し、その判断には強制力が生じる手続なので、確実で慎重な手続は必要なのですが、情報通信技術(ＩＴ)が発達して移動の手間及び費用、それに書面用の紙などを節約できる状態になっているのに、民事訴訟がこのままでよいのかといった問題意識は当然生じます。具体的には、ＩＴによってまず民事訴訟を変え、その後には、破産・執行手続や家事事件手続を変えようという動きが大きくなっています。

どこまで、どのように変わる?

このＩＴ化は、政府の「裁判手続等のＩＴ化検討会」が二〇一八年三月に最終報告書をまとめて、大きく進むことになりました。「え、まだそんなことをやっているの」という声があるかもしれませんが、やっと動き出したという印象です。法務省が必要な法整備を、裁判所が運用の検討や環境整備を進めることになっています。予定では三段階になります。

まず第一段階は、法改正を伴わない「ｅコート」(electronic court：電子法廷)が動き出します。これは、現在行われている電話会議に加えて、最初に述べたウェブ会議やテレビ会議による弁論準備手続の試行、運用の拡大です。書面による準備手続というものが民事訴訟法にありますが、それがＩＴ化に便利なものとして使われるかもしれません。最初は特定の裁判所から試行的に始まるでしょう。「ｅコート」が定着すれば、少なくとも弁護士が付いている事件では、弁護士事務所と裁判所をウェブ会議等でつなぎ、弁護士の出廷なく弁論準備手続ができますので、弁護士の時間や費用が節約でき、結果的に当事者の負担も少なくなります。

第二段階は、法改正を伴う「ｅコート」です。現行法では、裁判所にはどちらか一方の当事者だけは出頭しなければ、ウェブ会議やテレビ会議による弁論準備手続は行えないのですが、双方が不出頭でも行えるようにするものです。公開の法廷で行う弁論にも、程度はともかく、同じ制度を導入することになるかもしれません。その場合、法廷に弁護士事務所等から送られてくる映像が流れることになるでしょう。ここは、今後議論が尽くされます。そして、仕上げの第三段階は、「ｅファイリング」と「ｅケースマネージメント」と言われるもので、訴状やその他の主張書面、証拠等が電子データになり、それで訴訟の情報が管理されることになります。百科事典のような記録はなくなり、電子情報が訴訟記録となります。ファックスの利用もなくなるでしょう。裁判官や弁護士が風呂敷やキャリーバッグで重い記録を持ち運びするのも昔話になることでしょう。そして、裁判所への申立てはオンライン化され、手数料の納付も、インターネットバンキングやクレジットカードを用いた電子決済となるでしょう。遅ればせながら、ですがね……。

では、いいことばかりなのですか？

そのように聞かれると、そうではないと言わざるをえません。ＩＴ化は利用者目線の大事な動きなのですが、落とし穴もあるように思われます。その一つが、書面主義（データ主義？）の蔓延です。ＩＴ化の下では、いつでもどこでも情報を送ることができるので、顔を合わせて、口で話して相手を説得する、そして事案を解明するということが後退するかもしれません。顔が見えない、声が聞こえないだけに、訴訟が無機質になりかねません。現在以上に不必要な情報が多くなる可能性も十分あります。裁判の公開（市民による司法の監視）が形骸化する可能性も懸念されます。これらを王道に戻すため、口頭主義、公開主義、直接主義など、訴訟の大原則を改めて確認する必要がありそうです。日本では、「ｅコート（第一、第二段階）→ｅファイリング・ｅケースマネージメント（第三段階）」という実現の順序が考えられていますが、実はｅコートの実現がもっとも難しく、諸外国でもｅコートの制度化や実際の利用はあまり進んでいないという報告もあるようです。

そのほかに、情報セキュリティ対策（本人確認、改ざん・漏洩防止等）も重要ですが、これは技術的なことであり、他の分野でのＩＴ技術も考慮すると、対策が可能であり、さほど障害にはならないと思われます。さらに大きな問題として、ＩＴ化が広まれば、多くの地域に裁判所を設置しておく必要があるのかとの疑問が出て、地方裁判所及び家庭裁判所の各支部や簡易裁判所の廃止の意見が出てくることが心配です。大都市の弁護士だけが仕事を受任してしまい、法曹人口の拡大で、地方に広がった弁護士の仕事が減ってしまうという声が出るかもしれません。ゼロワン地区（弁護士が一人もいない、または一人しかいない地区のこと）が従来問題になっていましたが、民事訴訟のＩＴ化の中で今後どうなるか予断を許しませんね。

（注）なお、最高裁が裁判のＩＴ化をアピールするため「いいこと　たくさん」というオリジナルのシンボルマークをつくり、裁判手続のあり方に関心を寄せるきっかけにしてほしいとしています。「最高裁・マーク」で検索してみて下さい。

Q11

民事裁判の法廷傍聴に行きました。たまたま第一回期日だったのですが、「陳述」とか「訴訟物」とか「文書の成立の真正」などの言葉が難しく、手続もよくわかりませんでした。

【裁判用語の難しさ】

そうですね。確かに裁判用語は、一般の方にはわかりにくい面があると思います。

まず基本的なところから説明しますと、民事訴訟は、その主導権を原告や被告などの当事者にゆだね、裁判所は中立的な立場に立って、両者の主張の優劣を判断するという仕組みになっていて、これを「**当事者主義**」といいます。これに対して、裁判所が積極的に証拠調べをしたりする仕組みを「**職権主義**」といい、家庭裁判所で行われる人事訴訟などにこのような側面があります。そして「訴えなければ裁判なし」という法《ほう》諺《げん》(ことわざ)にもあるように、裁判は原告が訴えを提起しないと始まりません。また、どのような訴えや主張をするか、これに対して被告がどのような反論をするかは各当事者に任されていて、これを「**処分権主義**」あるいは「**弁論主義**」といいます。

訴訟の成り立ち

つまり、訴訟は、原告の申立てによって開始し、裁判所はその申立ての範囲内でのみ裁判を行うことができるわけですが、その前提として「**いったい何が審理の対象となっているのか**」がもっとも重視されます。これが「**訴訟物《ぶつ》**」と呼ばれているものですが、簡単な例をあげますと、原告が被告に「一〇〇万円を支払え」という裁判を求めたとしても、それが貸した金の返還を求めるものなのか(貸金返還請求)、交通事故の損害賠償なのか(不法行為による損害賠償請求)、それとも残業代の請求なのか(未払賃金請求)によって根拠となる法律の条文が異なる結果、「訴訟物」も異なり、それに伴って原告が最低限主張すべき事実(これを「請求原因」といい、請求原因を構成する個々の事実を「要件事実」ないし「主要事実」といいます)も異なってくることになるのです。もし、裁判官から「訴訟物は何か」という言葉が出たとすれば、裁判官は原告の主張する訴訟物の特定に疑問があったので、確認したのだと思います。

裁判所は、原告の申立てに従って裁判を開始するわけですが、まず訴訟物を特定し、それに見合った要件事実が主張されているかどうかを確認し、これに対する被告の認否や反論を確認し、さらにそれに対する原告の認否や再反論を確認するという手続を行って、その裁判で何が問題(争点)となるのかを整理していきます。このような手続を「争点整理」手続といいます。前述したように、民事訴訟では「当事者主義」が採用されていますが、訴訟手続の進行については、裁判所がリーダーシップを取って行うわけです(「職権進行主義」といいます)。

「陳述」と「自白」

あなたがご覧になった裁判でも、まず裁判官から原告に「訴状のとおり陳述されますね?」と聞いたのではないかと思います。「陳述」とは一般用語としてもよく耳にしますが、民事裁判では特別な意味があり、自分の主張を裁判手続に乗せるために必要な行為です。ですから、単に裁判所に書面を提出しておけば済むものではなく、例外的な場合を除いては、実際に法廷で「訴状のとおり陳述します」と言わなければなりません。

次に、裁判官は、被告に対して、原告の主張する事実についての認否を問うことになります。多くの場合は答弁書にあらかじめ書かれているので、「答弁書のとおり陳述します」と言えば足ります。この場合、認否の種類としては「認める」「否認する」「知らない」(これを「不知」といいます)があり、「認める」と認否

した場合にはその事実について原告は立証する必要はありませんが、それ以外には立証が必要となり、「**証拠調べ**」（証拠書類の提出や証人等の尋問）が行われます。これらは被告の主張する事実についても同様です。

ところで、「認める」と認否した場合は「**自白**」と呼ばれます。刑事裁判ではよく聞かれる言葉ですが、民事裁判でも「自白」があるのです。これは刑事裁判での「犯罪事実の自供」というようなものではないのですが、法律の要件に当たる事実について自白した場合、自分に不利益な事実を認めたことになり、相手方はその点について立証が不要となるだけでなく、裁判所もこれに拘束されて異なった事実認定ができなくなりますので、自白には細心の注意が必要です（民事訴訟法一七九条）。ただし、相手方の同意が得られた時やそれが間違い（法的には「錯誤」と呼ばれています）で客観的真実に反する時には、自白の撤回が可能です。

さて、「**文書の成立の真正**」との言葉も出たようですが、これは「その文書（書証）がその名義人によって作成されたものかどうか」ということです。「成立の真正」というと、その内容が本当であるかどうかを指すように感じられる方も多いでしょうが、内容が本当かどうかとは関係がありません。

以上のことを参考にして、これからも民事裁判の法廷傍聴を続けて下さい。

Q12 お金もかけた民事訴訟で勝訴判決をもらったのに、一円も回収できていません。なぜこんなことになるのですか。

【訴訟と執行の関係】

今の日本の制度では、判決後に債権者(勝訴側)が債務者(敗訴側)の財産を探して差し押さえなければならないことになっているため、判決をもらっても回収ができないことが少なくありません。このようなことを防ぐための民事執行法の改正が予定されています。

民事訴訟の限界

法治国家では、各自が法に頼らず自分の力で紛争を解決すると、力のない人が泣き寝入りをすることになってしまいますから、市民同士の紛争は、話し合いなどで解決できなければ、最終的には民事訴訟で解決するのが原則です。しかし、判決は「被告は原告に対し○○円を支払え」という宣言をするだけで、被告が自発的に支払をしてくれなければ絵に描いた餅にすぎません。

強制執行の役割

そこで国は判決で確定した権利を実現するための手段として、「強制執行」という手続を用意しています。強制執行は、判決手続を担当する裁判所とは別の「執行裁判所」や「執行官」が担当します。強制執行手続では、執行裁判所や執行官が債務者(訴訟では被告だった人のことを、強制執行ではこう呼びます。原告のことは債権者と呼びます)の財産を差し押さえ、お金に換えて、債権者に渡してくれます。差し押さえる目的の財産が、土地・建物などの不動産の場合と、預金・給料・貸金・売掛金などの債権の場合は、執行裁判所に申し立て、美術工芸品・家財道具・オフィス用品・機械などの動産の場合は、執行官に申し立てます。

強制執行の限界

債権者が強制執行を申し立てる時は、不動産と債権の場合は差押えの対象を特定しなければなりません。しかし債権者からすると、債務者がどのような不動産や債権を持っているかは普通わかりません。不動産であれば自宅や事務所などの所在地の登記を見れば所有者が誰かはわかりますが、それ以外のところに債務者名義の不動産があるかもしれません。まして債務者がどの金融機関に口座を持っているか、誰に対してどのような債権があるかなどを知ることは大変難しいことです。また、不動産は見つかっても、それに抵当権などの担保権が設定されていると、売却(競売)代金は抵当権者が優先して取得しますから、強制執行しても抵当権をもっていない債権者は回収できないことが多くなります(回収できない見込みが判明した場合は、強制執行手続が取り消されることになります)。また債務者の銀行口座がわかっても残高が少ししかなかったり、債務者が銀行から借入れをしていると、銀行の貸付金と預金が相殺されてしまったりして回収できないこともあります。

さらに、動産については、所在場所を自宅などと特定して申し立てればよいのですが、家族分の布団、一家に一台の冷蔵庫・テレビ、医師の最低限の診療用品など生活や職業に欠かせない動産や、六六万円までの現金は差し押さえられないことになっているので、財産的価値のある動産が差し押さえられることは少ないのが実態です。

債権者が執行裁判所に申し立てて、債務者に財産を自己申告させる「財産開示」という手続もありますが、出頭しなかったり、出頭しても嘘をついたりして財産を隠したとしても制裁が三〇万円以下の過料というものしかないので、あまり効果的ではありません。

また、強制執行は判決に基づいて行われるとは限りません。裁判所で作成する和解調書や調停調書、債務者が直ちに強制執行を受けることを認める文言が記載されている公正証書によっても、申し立てることができます。このような強制執行を行う根拠となる文書を「債務名義」と言います。判決は裁判所で当事者が最後まで争った場合に作成される債務名義ですが、和解調書や調停調書は、話し合いで解決した場合に作成される債務名義です。このように話し合いで作成した債務名義の場合は、支払をする側も納得のうえで、支払金額(一部免除など)や方法(分割払いなど)を定めているわけですから、強制執行をするまでもなく、債務者が自分の意思で支払うことが一般的には期待できます。もっとも、和解や調停で支払について定めても履行されない場合も少なからずあり、履行が保証されるわけではありません。

改正の見通し

このような強制執行の限界のために、せっかく勝訴判決を得ても実際の回収に結びつかないことが多いという批判を受けて、現在民事執行法の改正が検討されています。例えば、財産開示で出頭しなかったり、嘘をついたりした場合の罰則を強化すること、債権者が申し立てた場合に、裁判所が、登記所に対して債務者が所有する不動産の情報の提供を、また債務者の勤務先や金融機関に対して給与や預金口座に関する情報の提供を命じられることなどが提案されています。この改正法は早ければ二〇一九年には成立する見通しです。

家事事件編

二〇一三(平成二五)年はじめから、これまで依拠していた家事審判法から、家事事件手続法が家庭問題に関する裁判のルールとなりました。家事審判法では、第一条で、「この法律は、個人の尊厳と両性の本質的平等を基本として、家庭の平和と健全な親族共同生活の維持を図ることを目的とする」と規定されていましたが、家事事件手続法ではこの目的規定は外されました。家事審判法が施行されて七〇年近く経過した現在、右の趣旨を尊重すべきことは目的規定を置くまでもなく明らかであるからです。

事件の種類と手続

第一類型：紛争性が低かったり、対立当事者がいなかったりする事件(法律では「別表第一事件」といいます。名の変更、後見、相続放棄、戸籍訂正等)は、最初から裁判官が単独で「審判」(判決に相当)をします。調停に付されることはありませんし、審理も非公開で、職権で家庭裁判所調査官による調査も行われます。

第二類型：第一の類型に対し、紛争性が高く当事者の対立も厳しいものの、話し合いによる解決も期待できる事件、すなわち、代表的なものとして、養育費、面会交流、財産分与、遺産分割などですが(その他、別表第二に掲げられているもので「別表第二事件」といいます)、これらは話し合いで解決するのが望ましいことからまずは調停事件として申立てをするのが普通ですが、最初から裁判官の審判を求めることも可能です。しかし裁判官は通常、まずは調停で話合いをしなさいと命ずる(「付調停」といいます)ことがほとんどです。

その他の類型としては、離婚やその無効、離縁や養子縁組の無効、子が嫡出子であるかどうかなど、基本的な身分関係の存否をめぐる紛争を処理する、人事訴訟があります。これらは本来訴訟で解決すべきなのですが、訴訟提起前に家裁に調停の申立てをする必要があります（調停前置主義）。これとは別に、人事訴訟ではない、婚約不履行等の男女間の紛争や、遺留分減殺請求などの民事訴訟事件も、家庭に関する事件として調停前置主義がとられています（調停が不成立の時は、人事訴訟事件は家裁に、その他は簡裁または地裁に訴えを提起することになります）。

家庭裁判所の特色

日本の家庭裁判所は、少年の非行と家族の紛争の両方を扱う点で珍しいうえ、家事関係の調停を他の機関ではなく「裁判所」で行う点でも世界的に稀といってよく、世界からも注目されています。特に家事事件において、①争いを解決する役割を、裁判官一人と民間から選ばれる二名の調停委員からなる調停委員会に委ね、当事者の合意形成を促して自主的解決を第一の目標にしていること、②訴訟まで進んだ人事訴訟事件を除き、調停も審判も非公開で、プライバシーが強く保護されていること、③社会学や心理学を学んだ家庭裁判所調査官が裁判官の調査命令を得て、専門性のある種々の調査をすること、④医師である裁判所技官による科学的・社会的調査がされることなど、大きな特色があります。

不服申立て

家事審判に不服がある場合は、高等裁判所に「即時抗告」（審判告知を受けた日から二週間以内）ができますし、高等裁判所の家事審判事件についての決定に対しては、憲法違反などの理由があれば、最高裁判所に特別抗告ができます。

Q13

離婚調停の呼出しに応じて家庭裁判所に出頭しました。裁判官に私の言い分を聞いてもらえると思っていたら、裁判官らしい人がいないまま、二人の調停委員からいろいろと上から目線で説得されてしまいました。調停委員と裁判官はどう違うのですか。同じように法律の専門家なのでしょうか。

【家事調停制度】

離婚事件はまず調停で

家事調停に呼ばれて出頭したら、本来一緒に話を聞いてもらえるはずの裁判官がおらず、いきなり調停委員から説得されたので、面食らったということですね。夫と妻が協議で離婚する場合は別として、協議がまとまらない場合（離婚自体に反対であったり、離婚には双方異存がなくとも、子どもの親権者についてお互いが譲らなかったり、財産分与・慰謝料などの離婚給付で争いがあったりする場合も含みます）、いきなり裁判を起こすことはできず、まず調停で話し合うことが必要です。調停前置主義といいます。

調停制度と調停委員のあらまし

調停制度について質問されていますので、制度的なことを少し述べますと、調停委員会は一人の裁判官と二人の調停委員とで構成されます。家事調停委員の身分や資格については最高裁判所規則が制定されていて、まず、①「弁護士となる資格を有する者」があげられています。裁判官は法律のプロですが、弁護士も同様です。法律的専門性が高いとされる遺産分割事件などでは、調停委員のうち一人は、そうした弁護士が指定されることが少なくありません。

任命資格はほかに②「家事の紛争の解決に有用な専門的知識経験を有する者」と、③「社会生活の上で豊富な知識経験を有する者」とされています。離婚事件などでは③の方が担当されることが多く、おそらく質問者が対面された調停委員も、③に属する方だと推測されます。「社会的名士」というイメージが浮かぶかもしれませんが、むしろ、いろいろな人生経験を経ている人物（職業経験を問いません。さしたるキャリアを有しているとは見受けられないのに物事を冷静沈着に観察し、当事者を感受性豊かに受け止め、「目から鱗」の意見を述べる素晴らしい委員もおられます）であることが重視されます。そうした民間人の方が家事調停に関わる意義は、何といっても、家事問題に普通の市民感覚で関与することです。それとともに、裁判官は後述のようにどうしても時間的制約がありますが、民間の調停委員の方だと、当事者の言い分にじっくり耳を傾けることができることです。

家庭裁判所は、そうした職責にふさわしい方を調停委員に選んでいるので、当事者に対して「上から目線」で臨む方はいないはずなのですが、残念ながら、多くの人によって営まれている制度ゆえ、中にはそういう方もおられることも事実です。例えば男性の調停委員の場合、会社で幹部職まで上りつめ定年で退職したものの、あとしばらく活躍したいと意気込んで裁判所にこられる人が少なくなく、そのような方の中に、会社時代の感覚が抜けきれず、権威的になるという方もないではありません。

現実の調停は――裁判官が、もっと顔出しができれば

裁判官は仮に最初に登場してもすぐに引っ込むことが多く、当事者の中には「拍子抜け」的気分を味わう方もおられるようです。残念ながら、それが現実なのは間違いありません。実は家裁の裁判官は、都市部の裁判所では調停の開廷日は週に二〜三日なのですが、午前・午後にそれぞれ八〜一〇件くらい入っていて、とても全部の事件に腰を落ち着けてはいられないのです。普通は、調停委員の方からそのあたりの事情もお

話しすることになっているのですが、どこかで行き違いがあったのかもしれません。

　こうした、ともすれば裁判官が不在になりがちな状況を問題視する方もいることはいますが、現状の裁判官の数と配置を考えると、「全件立会い」をいうのは物理的に不可能なことを強いるものでしょう。そうした批判を超えるためには、調停委員と裁判官が期日の終了時に報告と協議をしていますがそれだけでなく適宜、事件の進行について評議し、裁判官の適切な意見を踏まえて調停を進行させることが必要です。最近の調停では、多くの調停委員が裁判官との評議に労をいとわないのでその点はよいのですが、近ごろ弁護士からよく耳にするのは、何かあるたびに調停委員が「ちょっと評議に行ってきます」と席を立ち、時に評議からなかなか帰ってこないこともしばしばで、もう少し「時間の観念」を持ってもらえたらという苦言です。そのような時こそ、裁判官が調停の席に臨み、当事者の顔を見ながら忌憚のない意見を交わすことが大事ではないかと思われますし、自ら「調停の主宰者」であることを日々肝に銘じつつ職務に当たって、はじめて当事者の期待に沿えるのではないでしょうか。

コラム3　当事者からいただいた唯一の記念品

　裁判官になりたての私は、意に反して、東京地裁第一民事部という当時の人事訴訟専門部に配置されました。その部には、離婚事件が数百件係属していました。当時は、家庭裁判所での調停がまとまらないと、地方裁判所で審理をすることになっていました（今は離婚訴訟も家庭裁判所が扱います）。

　その一部を新米の私が和解を担当したのですが、夫婦げんかを続けたあげく家庭裁判所での調停も不成功になり、訴訟まで発展した事件での和解はほとんど成功しません（裁判長はさすがにかなりまとめていましたが……）。離婚するかしないかが争点ではなく、財産分与額や慰謝料額などの金銭問題だけの事件は比較的まとまりますが、離婚を本気で争っている事件での解決は、訴訟にまでなると難しいのです。

　私は当時まだ二五歳、未婚（恋愛中）で、夫婦の行き違いがどれだけ深刻なのか、そもそも理解できていませんでした。老夫婦から、結婚もしてないのに夫婦のことなどわかるわけないなどと軽くあしらわれつつ、必死で、子どもからの忠告と思って聞いて下さい、と食い下がっていました。途中経過は省略しますが、ある日二人揃って面会に来られ、二人で旅行をして、もう一度話し合ってみるというのです。うれしくなって、もう親子関係のように親しく口がきけるようになっていた私は、私たちの新婚旅行先の参考になるようなところを見てきて下さいなどと言って送り出しました。

　一週間ほど経ってご夫婦で裁判官室に来られ、お土産と言って、三〇センチメートルほどの箱を差し出されました。裁判官が当事者から何かをもらうというようなことは御法度であることぐらい知っていますから固辞していましたが、通りがかった裁判長が、何ですかと尋ねられ、ご夫婦は「姫だるま」です、との答えでした。よくは知らなかったのですが、愛媛県の郷土

工芸品で、ご夫婦が松山の道後温泉に行かれた際、やり直しの記念として購入された時に、一生懸命仲直りをさせてくれたお兄ちゃん（私のこと）ももうすぐ結婚ということだから、と買ってきて下さったということでした。あとで調べたら「縁結びのお守り」でした。裁判長は、当事者の片方からはいけないがお二人が揃って人生をやり直そうとの記念だから、別れ話の多いわが部のお守りとしていただきなさい、ということでした。四〇年の裁判官生活の中で唯一の贈り物でした。裁判官室の和解の席の近くに飾り、時にそのいわれなどを話したことがありました。

　ちなみに私たちは上高地に新婚旅行にいき、今のところ姫だるまを求めにいく必要はありません（本当かな？　行った方がいいかな？）。

Q14 夫が浮気したので離婚し、不倫相手の女性も訴えたいのですが、双方から慰謝料をいくらくらい取れるものですか。

【離婚の際の慰謝料請求】

夫の不倫で夫婦が破綻――この場合もまず調停

お話をうかがうと、結婚生活が二〇年も続いた夫婦なのに、夫が職場の女性と浮気をし、それも五年も前から継続しているようで、質問者が問い詰めたところ「浮気ではなく、本気だ」と逆ギレされたようです。質問者としては、子どもが多感な年ごろであり、進学等も控え大変な時期なのですが、夫の行状や態度から信頼が根底から崩れたので、離婚を決意したとのことです。

さて、はっきりとした条文はないのですが、民法が不貞行為を離婚原因として明記している（民法七七〇条一項一号）ことからして、夫婦はお互いに貞操義務を負っているとされています。本件では、夫の不貞行為は明らかですから、夫が離婚に応じるといえば、すぐ協議離婚することも可能ですし、親権者をどちらにするかについては争いがないかもしれませんが、財産分与や慰謝料の点で、あなたの言い分どおりに夫が応じるとは考えにくそうです。したがって、夫に対して離婚調停を申し立てる必要があります（調停前置主義）。

不倫の相手方に対して損害賠償を求める方法

不倫の相手方に対して、どういう手段をとるかは、いろいろな方法が考えられます。

まず、相手方が不倫の事実を認めた場合には、裁判より調停で話し合うことをお勧めします。もっとも、最近では夫との離婚は後回しにして、相手方に対し先行して慰謝料の支払を求める訴訟をいきなり地方裁判所（訴額が一四〇万円を超えない場合は簡易裁判所）に提起する例も少なくありません。離婚請求と一緒にすると、財産分与など夫婦だけに関連する紛争も審理の対象になりますので、どうしても解決が遅れるからです。そのような場合夫が裁判の当事者ではないので、不貞の事実が争われたりすると事案の解明が難しくなりますが、最近は携帯メールでのやりとり等「動かぬ証拠」があることが多く、そうすると、まず不貞の第三者との関係だけ先に決着をつけることが可能です。

ところで、このような不貞行為をした相手については不貞当事者の配偶者に対する不法行為責任を限定したり、場合によっては責任を否定したりする見解があります。すなわち、「好きになった人がたまたま妻帯者であったことがどうして不法行為になるのか」という疑問にはかなり根強いものがあり、この「不貞の相手方である第三者に対する慰謝料請求」を認めるか否かは、古くて新しい問題なのです。もっとも、最高裁(最高裁昭和五四年三月三〇日判決)は、不貞行為の相手方は、他方の夫または妻としての権利を侵害したことは明らかで、夫婦の他方が被った精神的苦痛を慰謝すべき義務があるとしており、この判例が今すぐ変更されるとは思いませんので、本件でも、あなたに対する慰謝料の支払義務は免れないと思われます。

慰謝料額はどれくらいか

夫に対する慰謝料は、不貞行為だけではなく他の要因、例えば暴力や暴言など、あるいは夫婦としての協力義務違反などが相まって夫婦関係を破綻させたということも少なくないので、それらを総合して、離婚慰謝料として算定されることになります。一方、不倫の相手方とされる女性は、あなたの夫と交際をするに至った経緯について証拠上解明されにくい面もあり、当初は夫が妻帯者であることを知らなかったという事情もあるかもしれません。その場合は女性に同情する余地もあり(もちろん、配偶者がいることを知った後も不貞行為を続けていれば責任が必ずしも軽いとはいえないでしょう)、慰謝料額を合理的に算定するのが困難ということもあります。相手方が相応の責任を認めて示談を望む場合もありますので、調停の申立て前に、話し合いを検討するのも無駄ではないでしょう。

なお、最近、最高裁は「不貞(不倫)行為によって婚姻関係が破綻して離婚したとしても、行為に及んだ第三者が離婚させようと不当な干渉をするなどの特段の事情がない限り、離婚慰謝料の賠償責任を負うことはない」との判断を示しました(平成三一年二月一九日第三小法廷)。不倫相手へは、原則として夫婦間と同様の離婚に伴う慰謝料(離婚慰謝料)の請求を認めないとしたもので、注目すべき判断といえます。

さて、こうした不倫行為をテーマにした文学作品は古今東西枚挙に暇がありませんが、不倫行為をされた配偶者側からすれば、小説世界と現実は別だという思いになるのは当然ですし、訴訟になったうえ判決まで至ることも少なくありません。そうした現実を踏まえて、夫婦が離婚に至った場合に破綻について責任のある配偶者が支払うことになった慰謝料額の実例を集積した本まで出ていて売れ行きもいいようですが、事実関係は事案ごとに微妙に違ってきますので、あくまで参考にとどめるのが賢明です。質問者の方は、大まかな目安でもいいので教えてほしいと言われるので、あえて額を示すとすれば、夫に対しては、離婚を余儀なくされたという離婚慰謝料として二〇〇万円～三〇〇万円くらい、女性に対しては右にあげた最高裁判決の趣旨からすれば、もっぱら不貞行為の慰謝料が問題になり、その場合、不倫の継続した期間、頻度が最大の判断要素となりますので、一〇〇万円～二〇〇万円くらいを大体の目安とすればよいでしょう。

Q15 夫との離婚で悩んでいます。子どもの親権をめぐり争いになりそうです。友人は「子どもを連れて別居してしまえばよい」と言うのですが、本当ですか。【親権の帰属】

結婚破綻しても子どもの幸せ優先で

ご質問の趣旨からすると、夫婦間の状況は破綻に瀕していて離婚を考えざるを得ないが、いずれ子どもの親権を巡ってもめることが予想されるところ、友人から、こういう場合は、先手を打って自分(母親)と子どもだけの生活実体を作り出してしまえばよい、と言われたようです。「本当ですか」と尋ねられていることから、質問者の方は必ずしも友人の意見を鵜呑みにされていないお考えの持ち主とお見受けしました。

結婚生活が壊れそうになった場合、離婚を急ぐあまり子どものことが後回しになることがよくあるのですが、むしろ、第一に子どものことに思いを及ぼした点は正しいと思います。ただし、子どもの幸せあるいは福祉にとって最善の方策を見出そうというより、自分が親権者になるのだという思いが先行している点については賛成できません。愛し合って結婚した夫婦が、いろいろな事情で愛情が冷めてしまった以上、他方を無理やり鎖でつなぎ止めることはできず、その意味で離婚は不可避です。しかし、離婚は子どもにとって最大の不幸であり、自分に直接関係のない、親の事情で思い悩ませることは避けなければなりません。

子どもを連れての勝手別居は原則ダメ

ところで、夫が妻に対して暴力を振るったり脅迫的言動を続けたりする(特に子どもの面前でもそうした行動をやめない)場合、妻としては子どもを連れて実家に戻るなり、時にはいわゆるシェルター(DV被害者を緊急保護する施設)に身を寄せるしか取り得る手段がないわけですが、そうでない場合に、勝手に子どもを連れて現在の住居から出て行くのは、法律的に許されるかどうかという以前に穏当とはいえませんし、何より、子ども（乳幼児はともかくとして）にとって、今まで慣れ親しんでいた生活環境を奪うという点でも問題です。さらに言うと、結婚している夫婦において、子どもに対しては共同して養育監護に当たる（共同親権）というのが原則ですので、もう一方の配偶者と何の話し合いもないまま、そのもとから子どもを連れ去って行くというのは親が当然に有する「子どもと円満に交流する権利」を妨げるという面でも正当化することができず、利己的行動というほかありません（最近いくつかの家裁の窓口では、短兵急にそうした行動に走ることのないようにとの指導がなされていると聞きます）。

子どもの親権はできるだけ話し合いで

それゆえ、できる限り、夫と共同生活を続ける中で、離婚後の子どもの養育をどのように分担して行っていくかについて、お互い冷静に話し合うことが必要です。仮に二人だけで話し合うことが難しいなら、家庭裁判所に離婚調停を申し立て、その調停の中で子どもの養育監護についても話し合うのが望ましいでしょう（今すぐ離婚に踏み切れないなら別居を前提にして、親権は夫婦に残したまま子どもの「監護者の指定」という調停ないし審判の申立ても可能です）。そうした調停を続けても、双方とも離婚には異存がないものの、お互いが親権者について譲らない場合には、実務上、離婚だけで調停成立というわけには原則いかず、裁判でどちらが親権者としてふさわしいかを決めざるをえないのです。一般に、親権者指定の基準として挙げられるのは、父母の側の判断要因としては、監護に対する意欲と能力、健康状態、経済的・精神的家庭環境、居住・教育環境、子どもに対する愛情の程度、実家の資産、親族・友人等の援助の可能性が、子どもの側の要因としては、年齢、性別、兄弟姉妹関係、心身の発育状況、従来の環境への適応状況、環境の変化への対応性、子ども自身の意向（子どもが一五歳以上の時は本人の意見を聞くことが必要です）が挙げられますが、重要なメルクマールは、これまでの生活でどちらが主として養育監護に当たってきたか、です。乳幼児の場合は、通常は母親になるでしょうが、「原則的な母親優先」的扱いには批判がないではありません。こうした判断要素とは別に、単独で監護を開始した際の態様が挙げられることがあり、理由のない「突然の連れ去り」などは、ここで問題になります。最近になって注目されるのは、「監護者とされなかった親の子どもとの面会交流に対する寛容性」で、妻に対して「よき夫」でなかったからといってそれがただちに「親として失格」には結びつかないのですから、子どもにとって無理を強いる面会でなければ、面会交流に消極的でないことが望ましいです。

少しくどくど述べましたが、以上の内容に異存がないと了解されるなら、あなたは監護者として合格といえます。どうか、夫との間で円満に話し合いができますことを祈っています。

Q16　八五歳で認知症の父の不動産（更地）を借りたいという会社が現れました。長男の私が代理人となって貸してもいいですか。【成年後見制度】

法律行為をなすには判断能力があることが前提

更地のままで有効活用されていない土地を借りたいという会社が現れたのだから、当然貸して収入を得たいと考えたものの、少しひっかかる感じなので相談されたものと思われます。売却するわけではなく「有効利用」なのだから特に問題がなさそうですが、実はそれほど簡単ではなく、お父さんの「事理弁識能力」（物事に対する判断能力）が問題になってきます。

お父さんが「認知症」も軽度で、八五歳という高齢にもかかわらず日常生活に支障もなく、周囲からみて「色々な物事についてしっかり判断している」というのであれば、息子さんが「代理」する必要もないかもしれません。しかし質問者が「代理」を言い出されているのは、お父さんの判断能力に疑念が生じているからだと思われます。そもそも認知症といっても、発症原因やその程度、回復の可能性などから種々の容態がありますが、ここでは典型的なアルツハイマー型で、判断能力の減退が日々著しく元には戻りそうにないという場合を想定して論じましょう。

成年後見制度利用のおすすめ

結論からいいますと、お父さんについて「後見開始の審判」を家庭裁判所に申し立てられることをお勧めします。「成年後見」という言葉など初めてかもしれませんが、一九九〇年代になってから使われ始めました。以前は、心神喪失者を対象とした禁治産制度や浪費者等を対象とした準禁治産制度が行われていたのですが、二〇〇〇年四月から成年後見法（民法及び関係法の改正等）が施行され、後見・保佐《ほさ》・補助の法定後見三類型に任意後見制度を加えた、新しい成年後見制度が導入されました。制度の詳細は家庭裁判所の受付窓口で丁寧に教えてもらえますし、市民向けの参考書にもわかりやすく説明されていますので、ここでは省略します。

成年後見は、判断能力が十分でない人の保護を図るための制度で、本人が現に有する能力をできるだけ活用し、本人の意思（自己決定権）を尊重するものです。大事なことは、こうした制度があるのに、近親者が「代理」で事足りるとして本人のために取引行為をしてしまうと、かえって禍根を残すことです。例えば、本人が家族の知らない間にリフォーム詐欺などの悪徳商法で多額の債務を負担した場合に、これより少し前に長男が代理人として不動産を賃貸したという事実が判明すると、本人が代理人を介して取引行為を有効になし得た（それだけの能力を有していたことになる）ということであとの取引行為を取り消したりすることが困難になりかねません。その意味で、本人がまったく財産を有していない場合であれば別ですが、相応の資産をお持ちの場合には、成年後見制度を利用して、本人の財産を守る必要があるのです。他にきょうだい（兄弟姉妹の総称）がおられるような場合、長男の方が本人に無断で代理人になったという非難がされることも稀ではなく、本人が家族・親族内の財産争いに巻き込まれることも少なくありませんので、「後見開始申立て」がお勧めです。

家庭裁判所に気軽に相談するのが一番

後見に関する手続も、家庭裁判所が本腰をいれて活用・充実を図っている制度ですから、窓口に行けば懇切丁寧に教えてくれますし、必要な関係書類も交付してもらえます。ちなみに、後見開始は本人の行為能力を制限することになりますので、本人が自己の財産を管理する判断能力を失っていることが明白で、明らかに必要がない場合を除き、本人の精神状況についての鑑定を行うことが要求されています（家事事件手続法一一九条）。

後見開始の審判がなされる場合、当然に、本人に代わって法律行為を行う「成年後見人」が選任されます（成年後見人は裁判所が職権で選任します。民法八四三条）。お父さんの財産が質問にある更地だけで、他のきょうだいの方も賃貸に異存がなければ、親族である長男の方が成年後見人になってもそれほど問題がありませんが、他に、例えばお父さんの自宅土地建物や預貯金等、相当の資産がある場合は、裁判所から、第三者である弁護士あるいは司法書士を選任するのが望ましいと言われるかもしれません。後見人等の選択は家庭裁判所の裁量的判断に委ねられていますので、それには従うしかありません。

なお、このような場合に、最近では家裁から、後見人による財産の不正使用を防ぐために「後見制度支援信託」の利用を勧められることがあります。例えば親の預貯金が一二〇〇万円以上ある場合などは、日常的な支払に必要な二〇〇万円程度以外は信託銀行に預け、引き出すにはそのつど家裁の指示書が必要になります。「信託」は仕組みが必ずしも単純ではないので、家裁などで説明を十分に受けるなどして理解を深めることが大事です。

Q17

最近、独居生活をしていた父が亡くなりました。私（長女）は、生前父から私を優遇した遺言書を預かっていたのですが、弟も自分を優遇した別の遺言書を書いてもらっているというのです。このような場合、どちらの遺言書が有効なのでしょうか。【複数の遺言の効力】

紛争予防に役立つ遺言書

本件は遺言書が複数出てきたというケースですね。質問の内容を詳しくみると、長女が預かった遺言書には「全財産の三分の二を姉に、三分の一を弟に相続させる」と書かれていたのに、弟（母は既に死亡、相続人は姉と弟だけのようです）の方は逆の内容、つまり「全財産のうち三分の一を姉に、三分の二を弟に相続させる」で、日付をみると、弟の方が姉のより後の日付になっていました。

世間ではよく、自分の死亡後に相続人の間で揉めないようにするためには「遺言を残すのが一番」といって、「遺言のすすめ」というような本が出ていますね。確かに、有名な資産家が死亡した時に、かなり多数かつ巨額の遺産があり、相続人たちも先妻の子、後妻及びその子と数多くいて「争続」は必至だと思われたのに案外早く解決した話を聞いて、「世にも不思議な出来事」だなといぶかしげな思いをした際、実は、各相続人それぞれに周到に配慮した遺言がなされていたことを知って、腑に落ちたことがありました。

でも、本件のように遺言が何通も出てくると（本件では二通ですが、もっと多くの遺言書が出てくることもあります）、かえってややこしくなりますね。

高齢者は複数の遺言書を作りがち

高齢者の場合、現在世話をしてくれている人が大事というか頼りにせざるを得ないので、それより前に誠心誠意世話をしてくれた人に財産をたくさん相続させるという遺言書を書いたことを忘れ、現在世話になっている人に有利な遺言をすることが時々あります。それが一回ですめばまだしも、世話をする人が変わるたびに、何回も遺言をすることも稀ではありません。

お聞きしたところ、質問のケースは、長女である質問者が結婚していったん実家を離れていたものの、一〇年前に実家の近くに住むようになり、そのころから体調が悪くなった父上の世話をするために、毎日のように実家に足を運んでは面倒をみたようですね。ところがこの半年ほど質問者が体調を崩したため、弟のお嫁さんが代わりに様子を見に行くようになったようです。質問者はそのこと自体は感謝されてはいるものの、弟の相続分が質問者の二倍になるほどには世話はしていないので、納得できないという気持ちになったものと思われます。

矛盾する遺言は後の遺言が有効――でも柔軟な解決が望ましい場合も

さて本題に入りますが、複数の遺言書が存在し、その内容が両立しない、つまり矛盾している場合には、実は後の方が有効になるのです。民法一〇二三条一項でも、新しい遺言をして、その内容が前の遺言と抵触する場合には、その部分については後の遺言で撤回したものとみなされる、と規定しています。

ただし、これは後の遺言が有効な場合を前提とするもので、特に高齢者が死亡する直前に、他の相続人の方から無理矢理書かされたとか、他の者の「添え手」によって書かれたもので、添え手をした人の意思が介入していることが明らかな場合などであれば、無効になることがあります。もっとも、これを証明することは必ずしも容易ではありません。有利な遺言を受けた相続人はおそらく遺言者に意思能力がなかったことを簡単には認めないでしょうから、黒白をつけるためには遺言の無効を主張する者が地方裁判所（家庭裁判所ではありません）に遺言無効確認訴訟を提起する必要が生じます。最近この種の訴訟が地方裁判所に数多く提起され、裁判官を悩ましているようです。遺言の有効無効が争われると、どちらかを一方的に勝たせる一刀両断的な判決しかできないので、とことん争うと高裁でも解決できず最高裁の判断まで仰ぐことになり、紛争を防ぐための遺言だったはずが、かえって紛争の長期化、深刻化を招くという、皮肉な結果になってしまうのです。

いずれにせよ、裁判になると相応の時間と費用を要し、何かと厄介であることは間違いありません。質問者は争いが長期化、深刻化するのを好まず、穏便に解決したいという気持ちを抱いておられるようですし、もともと本件のような、相続分を割合で指定しただけの遺言の場合には、それだけでは個々の遺産を誰が取得するかは決まりませんので、個々の遺産の取得者を決める手続が必要です。当事者間の協議でまとまればよいのですが、相矛盾する複数の遺言が存在するため、弟さんも簡単には質問者の言い分を認めないかもしれません。そうした事情を考えれば、早めに家庭裁判所に遺産分割調停を申し立て、その中で、遺言があることを踏まえて、円満に解決する方策を探ってはどうでしょうか。

今年（二〇一九年七月）から、相続人でない方（このケースの弟のお嫁さん）が大きな貢献をされた場合は、「特別の寄与」として金銭の請求ができることなど、相続の制度が大きく変わりますので、このケースには適用されませんが今後は改正された点にも留意をして下さい。

少年事件編

少年事件の対象となる少年（二〇歳未満、女子の場合も少年と言います）には、犯罪少年（一四〜二〇歳未満）、触法少年（一四歳未満）、虞犯《ぐはん》少年（二〇歳未満）の分類があり、それぞれについて複数の手続上の流れがあり複雑ですが、ここではもっとも事件数の多い犯罪少年についてだけ簡単に見ておくこととします。

1　審判までの調査等

犯罪少年を認知した警察官は、逮捕・勾留（あるいは、勾留に代わる観護措置）をしたうえで、または在宅のままで検察官に送致し、検察官は、すべての事件を家庭裁判所に送ります。家庭裁判所は、審判のために少年の心身の状況等を調査し、身体を確保しておく必要がある場合は、観護措置決定をして、少年鑑別所に送って鑑別を受けさせます（原則は二週間ですが、延長されて四週間となることが多いです。事実関係に争いがあり証人調べが必要な場合などは、最大八週間まで認められます）。その間も含めて家庭裁判所調査官は、少年や保護者に面接するなどして、少年の生育歴、性格、環境等について、心理学や社会学等の専門知識を活用して調査をします。家庭裁判所調査官、少年鑑別所からの報告を受けて裁判官は審判を開き、送致された事件記録に加え、少年や関係者（被害者側も含む）の意見を聞いて処分を決定します。

2　審判及び処分

通常の少年事件では、少年、保護者、調査官、付添人等が審判に出席しますが、検察官は出席しません。ただし、重大事件で裁判官が必要を認めた場合は、検察官を関与させる決定をする場合があります。検察官が関与する事件で少年に付添人がいない場合は、裁判所は、弁護士である付添人を付します。また、被害者死亡などの重大事件の被害者や遺族は、審判傍聴が認められる場合があります。

審判を行った後、処分を言い渡します。特に処分しない場合もあります（不処分）が、言い渡される場合の処分は、保護観察、少年院送致、児童自立支援施設等への送致（以上を「保護処分」といいます）、検察官送致（逆送）です。保護処分決定までの中間的処分として、家庭裁判所調査官による試験観察をする場合もあります。

3　逆送事件の審理

検察官送致（逆送）となった場合は、成人の刑事裁判と同様に、公開法廷で裁判を受けることになります。なお、少年が故意の犯罪行為により被害者を死亡させ、犯行時一六歳以上であった場合は原則として検察官送致するものとされています（例外はあります）。

4　不服申立て

保護処分決定に不服がある場合は、少年、その法定代理人（親権者等）や付添人（弁護士等）は高等裁判所に不服申立て（抗告）ができます。検察官を出席させて審理した事件では、重大な事実の誤認がある場合などには、検察官も高等裁判所に抗告受理の申立てができます。

Q18 少年は、悪いことをした時、刑務所に行かず処分が軽いように思いますが、それでよいのですか。ひどい事件を目にすると、釈然としません。【少年事件における保護主義】

少年事件の根底にあるもの

刑務所に行かないことが軽い処分であるとは必ずしも言えません。

少年事件は軽微な事件を含め、すべて家庭裁判所に送致されます。家庭裁判所では、心理学、社会学、教育学などの専門家である家庭裁判所調査官が、少年の生い立ち、家庭環境などを調べ、非行を行った原因を分析するなどして処遇意見を出します(六七頁参照)。また、必要がある場合、少年を少年鑑別所に収容し、少年鑑別所が、日常生活、面談などを通して少年の行動を観察し、知能検査、心理検査などの調査を行い、処遇意見を出します。裁判官は各処遇意見のほか、事件記録、学校の照会回答書などを検討し、審判を開き、少年や保護者から話を聴き処分を決めます。処分には、定期的に保護観察官・保護司の指導を受ける保護観察、教育による矯正を目的とする少年院への送致、家庭的な雰囲気の中で矯正する児童自立支援施設への送致などがあります(これらを「保護処分」といいます)。

重大事件の場合、少年院に送致されることが多くなります。期間は通常一年です(事案の重大性、少年の資質などを踏まえた更生の可能性を考え、一年半、二年、それ以上の期間となる場合もあります)。少年院では、規則正しい生活習慣のためのプログラムがあります。職業訓練などが行われて資格取得もできます。義務教育未修了者には学習機会も与えられ、高卒認定試験も受験可能です。また、事件を振り返り、将来の生活設計を考えるなど、再犯防止のための内省、被害者・親の立場を理解する機会などを持ちます。さらに法務教官(専門職)が担当者となり、作業、日記、面談など日々の関わりの中で、さまざまな働きかけをします。少年は、規則正しい安定した生活をする中で、自己の問題点に気づき、立ち直っていきます。

刑事処分との比較

一方、刑務所では、刑務作業が重視されます。事件の振り返り、内省を深めるためのプログラムなどの実践は必須ではありません。室内での私語禁止などの制限もなく、刑務官からの指導もありません。

確かに、少年院での身体拘束期間は、刑務所と比較すれば短いため軽い処分と思われがちです。しかし、少年は、ただ収容されているだけではなく、事件を振り返り、内省をし、再犯をしないと誓い、将来を見つめるなど、自己改善のために自身を精神的にとことん追い込む日々を送ります。少年院に送致された少年に面会に行くと、規則正しい安定した生活により自信がつき、立ち直りたいという意欲をひしひしと感じる経験をすることがあります。自己肯定感が低かった少年が、自分に自信をつけることで、非行、犯罪から遠ざかっていく場面を少年事件に詳しい法律家は何度も目にします。少年事件に「はまる」法律家がいるのは、実は、このような少年事件の魅力のせいなのです。成人に比べるとやはり、「希望」が持てるのです。

刑事裁判手続における少年の処分

質問にある重大事件のうち、故意の犯罪行為により被害者を死亡させた事件で、犯行時一六歳以上の場合には、原則として成人と同じ刑事裁判で処分されます。この場合は、再度家庭裁判所の手続に戻すべきだという判断(少年法五五条)がされる場合もあり得ますが、刑務所に行く場合が多いです。ただし、宣告される刑は「懲役何年以上何年以下」という不定期刑です。犯行時一八歳以上の場合には死刑もあり得ます。

刑務所に行かないことが必ずしも軽い処分ではないと言った意味は、ご理解いただけたでしょうか。成人には犯した罪に対して責任を取るという応報の要素が強いですが、少年には教育的見地から矯正していく視点が強くなります。ただし、少年でも、あまりにひどい事件では、刑務所に送ることや死刑もあるのです。でも、少年事件を「家庭裁判所」で扱うことには意味があり、国が親として、可塑性に富む少年に対し、教育により立ち直らせるという考えは、とても優れていると思われませんか。

コラム4　法律用語の不思議（その1）
善意？　悪意？

民法では「善意」とか「悪意」という言葉がよく使われています。例えば民法九四条二項（相手方と通じてした虚偽の意思表示は、善意の第三者に対抗できない）とか、一六二条（他人の物の占有者が占有の開始時に善意無過失であった時は、一〇年で所有権を時効取得する）などです。

さて、皆さんは、「善意」とか「悪意」という言葉からどのような印象を持たれるでしょうか。何となく、「善意」と聞くと道徳的に良い心や気持ち、「悪意」と聞くとそれとは逆に人を害したり、その不幸を願ったりするような悪い心や気持ちといったイメージを持たれる方が多いと思います。

しかし、法律用語としてはそういう意味ではなく、単に「法律関係の発生や消滅または効力に影響を及ぼすような事実を知っているかどうか」を表す用語として使用されています（ただし、離婚の認められるひとつのケースで「悪意の遺棄」というように、例外的には人を害する意思といった意味合いで使われている場合もあります）。ですから、社会一般的にはいくら良い人だと評価されている方でも、その事実を知っている人であれば「悪意者」となってしまうのです。逆に、判決で「善意」だと認められたとしても、単にその事実を知らなかったということを意味するだけで、道徳的に良い人だと認められたわけではありません。

ただ、「悪意」かどうかの認定はなかなか難しく、ある事情の存否について疑いを抱いているだけでは知っているとはいえず、悪意ではない、とされています。また、「善意」であったとしても、そのことを知らなかったことについて過失があった時はどうなるかなど、善意・悪意をめぐってはなかなか難しい問題があります。

Q19

少年が家族を殺した事件があり、裁判所に問い合わせをしたら、審判を見ることはできないと門前払いされました。本人を実際に見て事件を考えてみたかったし、裁判官の審判のやり方も見たかったのに、納得できません。【少年審判の原則非公開】

少年審判手続の特徴

このような疑問は、多くの方が抱く疑問だと思います。

さて、なぜこのような手続になっているのかを考えてみましょう。今の日本では、少年(二〇歳未満。女子の場合も少年と言います)が非行をした場合、すべての事件が家庭裁判所に送致されます。質問にある殺人などの重大事件の場合には、少年を少年鑑別所に収容し、資質、知能、発達に伴う特性などを調べるため、テスト、面談などを通して心身の鑑別をし、同時進行で家庭裁判所調査官により、少年の生育歴など非行を行った背景事情などを徹底的に調査することになります。このような調査は、少年の処遇を決めるにあたり、単に非行に対する責任を問うのではなく、教育的観点から少年の更生を求めるためです(Q18参照)。

裁判官は、これらの調査結果をもとに、審判の場で少年にさまざまな視点から質問をして、少年に自己の問題点に気づかせ、内省を深めさせ、再犯に至らないように働きかけをします。そして、少年審判の進め方については「審判は、懇切を旨として、和やかに行うとともに、非行のある少年に対し自己の非行について内省を促すものとしなければならない」(少年法二二条一項)と規定されています。このように、少年事件については、家庭裁判所が少年にさまざまな働きかけをすることが求められており、家庭裁判所には福祉的観点、教育的観点から後見的に関わることが期待されています。その意味で審判手続は、少年に対する教育的な働きかけをする場なのです。裁判官としては、少年には自分の思うことを存分に話してほしいのです。また、審判では非行事実に関係しない少年・保護者などのプライバシーに関わることが話題として出ます。ですので、傍聴人がいることで少年が萎縮して語りにくい、少年・保護者などの個人情報が外部に出る危険があり、そこに配慮が必要なのです。そのため、少年審判は非公開となっています(同条二項)。ただし、一部重大事件の被害者・遺族は、裁判所の許可を得たうえで、審判を傍聴することができます(少年法二二条の四)。実際には、被害者傍聴のケースはあまり多くないように思います。

では、具体的に審判でどのようなことを裁判官が少年に語りかけているのでしょうか。ある裁判官の経験を紹介します。覚せい剤使用の事件で少年鑑別所に収容されていた時に妊娠中絶した少年の審判で、「命とは何か」「人を愛することとはどういうことか」「中絶された胎児にどのような言葉をかけるか」「逆に、中絶された胎児は自分にどういう言葉をかけるだろうか」などと語りかけ、少年と一緒に考えたことがあったようです。このような関わりも少年の気付きのためには、大事なやりとりではないかと思います。この少年には少年院送致決定がされました。後日その裁判官に少年から、審判でのやり取りが心に残り、更生していく意欲につながったという手紙がきたそうです。先行きが簡単ではないのは確かですが、右の手紙のような対応は、家庭裁判所が後見的・教育的に関わった効果ではないかと思いますが、いかがでしょうか。非公開の少年審判ではありますが、少年らと向き合う裁判官は、その全人格が問われると思います。裁判官は、少年にどのような働きかけをし、内省を深めさせるかを常に意識することが必要であり、その良識が問われるといって過言ではありません。

刑事裁判手続に移行した場合

前記のとおり、家庭裁判所での審判手続は原則として傍聴できません。しかし、家庭裁判所が、少年院送致などの保護処分は相当でなく、成人と同じ刑事裁判を開く手続によって処分すべきであると判断した場合は異なります。この場合、家庭裁判所は事件を検察官に戻し（逆送）、その後は成人と同じ手続によって刑事処分を受けることになります。いったん成人と同じ手続となった場合には、地方裁判所において公開の法廷で審理されることとなりますので、以後、傍聴はできます。ただし、この場合でも少年に対する裁判ですので、心情に配慮した訴訟運営がなされています（傍聴席から顔が見えないように着席位置を配慮する、手錠腰縄をしている姿を見られないようにするなど）。

また、刑事手続になっても、少年が誰であるか知られないよう氏名、住所、容貌などを出版物に掲載してはならないことになっています（少年法六一条）。なお、最近の重大事件は、裁判の進行状況、処分結果などが正確に報道されていると思います。刑事事件なら傍聴ができますし、審判事件でも、裁判所が事件の公共性を重んじて、少年の特定がないことを前提に、審判要旨の公開等をしている結果でもあります。ただし重大事件について、あえて実名の公表や容貌写真の掲載をする一部の報道がありますが、少年法六一条に反していると思います。

裁判一般編

Q20　自分の裁判で、担当裁判官が気に入らないので交代を求めたいのですが、どうしたらよいですか。

【裁判の公平の確保と事件の割り振り】

担当裁判官が決まる仕組み

民事でも刑事でも、当事者が自分の事件を担当してもらう裁判官を選ぶことはできません。裁判官は、公平性を保つため、機械的に決まるように制度が作られています。裁判所では毎年定例の裁判官会議で、新年度の事件の担当裁判官を決める方法を規則で定めます。これは裁判官会議の最重要議題で、所長等に一任してしまうことはありません。規則の内容としては、例えば、二人しか裁判官がいない裁判所ならば、「受付順の事件番号が奇数の事件はA裁判官に、偶数の事件はB裁判官に配付する」といった感じです。

そもそも当事者が裁判官を自由に指名できたら、双方が自分に有利な判断をしてくれそうな人を希望してしまい、裁判が始まりません。逆に裁判官の希望で事件を選べるようになったら、その裁判官は自分が好きな事件で望み通りの判決を出せることになりかねず、大変な権力者になってしまいます(民事の紛争で、双方が「あの人の判断ならば従う」という人がいれば、合意に基づく仲裁人として判断してもらえばよいのです)。

このように、事件の担当裁判官はあらかじめ決められた規則に従って自動的に決まります。これを事件の配点(事務分配)といいます。

裁判官の交替、除斥・忌避・回避

ただし実際に裁判が始まり、その裁判官の言動を見ていると、片方の肩を持っているようにしか見えなかったりして、とても公平に裁いてくれるように思えないことがあります。それが一方当事者の感覚的なものであったり、憶測の域を出ないようなものであったりすれば、検討されることはありません。しかし、公正な裁判を受けられないと客観的に明らかなケースがあれば、裁判官を交代させる制度があります。

その代表が「忌避」制度(民事裁判では民事訴訟法二四条一項、刑事裁判では刑事訴訟法二一条一項)ですが、実際に裁判で忌避が認められたのは過去数件のみ。よほど明らかで客観的な事情がない限り認められないのが実情です。その裁判官について、感情論ではなく客観的にみて「裁判の公正を妨げるべき事情」が必要であり、裁判の進め方が不満だとか、前に裁判で負かされたなどといった理由では認められません。

他にかなり稀なケースに、自動的に担当を外される場合(除斥)があります。事件当事者と一定の親族関係にある場合、当事者の代理人であった場合、事件の証人になった場合等です。裁判官が自分に除斥・忌避事由があると考える場合は、所属裁判所(裁判官会議)の許可を得て事件から外れることができます(回避)。

ちなみに、時代劇で人気の「遠山の金さん」のような話は、現代の裁判ではあり得ません。金さんは悪人を捕らえる役目の一方当事者であり、事件の目撃証人であるにもかかわらず、自ら裁きをするという重大なルール違反を犯していることになるからです。

もし、本当に担当裁判官の偏りによって敗訴したというのであれば、上級審に控訴・上告して是正を求められるシステム(三審制)が整えられています。

他方、現在の裁判官全体の傾向に問題があると思うとの主張であれば、より理想的な人に裁判官になってもらえるよう、裁判官の採用や研修を含む人事制度そのものに建設的な意見を出すべきと思います。

Q21 裁判所では、証人尋問が行われるときに宣誓をしていますが、これは誰に対して宣誓しているのですか。何か宗教的な意味でもあるのでしょうか。

【宣誓の趣旨】

宣誓の必要性

おそらくどこの国でも、証人が証言する際には「嘘を言わず、真実のみを話す」という趣旨の宣誓をするのが一般的だと思われます。裁判が真実に基づいて行われるべきは当然だからです。わが国でも、刑事裁判であれ、民事裁判であれ、原則として証人には宣誓させなければなりません（刑事訴訟法一五四条、民事訴訟法二〇一条）。「証人」と限ったのは、刑事被告人には黙秘権があるので宣誓義務はなく、民事では原告や被告などの当事者についても宣誓させるのが一般的ですが、法律上は必ずしも義務的ではないからです（民事訴訟法二〇七条一項）。

誰に対する宣誓？

それでは証人は誰に対して宣誓しているのでしょうか。わが国の法律には特に定めはなく、憲法上も厳密な政教分離の要請がありますので（憲法二〇条）、宗教的な意味合いはありません。あえて言えば「裁判所に対して誓う」ということなのだと思われます。ただし、刑事も民事も原則は「起立して厳粛に行うこと」としか定めていません（刑事訴訟規則一一八条四項、民事訴訟規則一一二条二項）ので、宣誓者は必ず起立しますが傍聴者も含めて全員が起立するかどうかは、担当裁判官の判断によります。

これに対しアメリカでは、わが国と同様に政教分離原則があるのにもかかわらず、通常は聖書に手を置いて「神に誓う」という文言で行われています。アメリカはイギリスで宗教的迫害を受け、信仰の自由を求め

宣《せん》　誓《せい》

良心《りょうしん》に従《したが》って，真実《しんじつ》を述《の》べ
何事《なにごと》も隠《かく》さず，また何事《なにごと》も
付《つ》け加《くわ》えないことを誓《ちか》います。

て新大陸に渡ってきた清教徒によって建国されたという歴史的背景を考えると、国の機関である「裁判所」に対してではなく、「神」に対するものという形式が取られているのもわかるような気がします。ただし最近は無神論者も増えてきたことから、「神」という言葉を抜いた宣誓文も用いられており、他の宗教の信者用のものもあるようです。

民事と刑事での違い

細かなことをいいますと、証人の宣誓に際しては、裁判官から「宣誓のうえであえて事実に反することをいうと偽証罪に問われる恐れがある」との説示があるのですが、民事と刑事ではこの説示と宣誓の順番が異なり、民事では説示が先ですが（民事訴訟規則一一二条五項）、刑事では宣誓の後の尋問前にこの説示がされます（刑事訴訟規則一二〇条）。偽証した場合の不利益を予告したうえで宣誓させる民事のほうが、いきなり宣誓させる刑事よりも当事者の納得も得やすいようにも思われるのですが、皆さんはどうお考えでしょうか。

宣誓の文言はみな同じ？

また、宣誓の文言は裁判所によって微妙に異なりますので（右は一例です）、各地の裁判所で傍聴される時はよく注意して聞いてみて下さい。

コラム5　傍聴人は帽子を脱ぐべき？

裁判を傍聴に行ったら、法廷では帽子を脱ぐように注意されたけれども、どうしてそんなことまで注意されなければならないのか、という質問がありました。

確かに、憲法上、法廷は公開の場であり、裁判の傍聴は原則的に自由です。しかし、法廷では色々と約束事もあります。日本の裁判所の法廷の入口には例外なく、傍聴人に対する注意事項が掲示されています。その内容は例えば、撮影・録音の禁止、携帯電話の使用禁止、旗やプラカード等の持ち込み禁止、拍手・発言等の禁止、飲食の禁止等です。これらは、裁判のルールに従って、冷静かつ公正中立に審理を進めるためにも必要と考えられています。

服装に関しては具体的な決まりはありませんが、旗やプラカード等と同様に、一方の当事者への応援を明示するような鉢巻き、ゼッケン、たすき、腕章等は禁止されています。また、冒頭に「服装を整えて入廷して下さい」と書いてある掲示板も目にします。例えば、あまりにも奇異な格好で傍聴席に座られると、裁判官や当事者が気になりかねないという問題はありますが、正装やネクタイ等の着用が求められているわけではなく、普段の外出時の服装であれば問題ありません。

帽子については、なかなか難しい問題です。過去には、女性のファッションとしての帽子着用を法廷内でも認めるべきかどうかで世論が分かれ、ニュースになった事例もありました。しかし、室内では帽子を脱ぐのがマナーだという服装感覚が強い間は、裁判官や裁判所職員から脱帽を求められることが多くなるでしょう。ただし、障害者や患者の医療用の帽子等については、最近は合理的配慮が要請されるようになっているので、事情を説明すれば、脱帽を命じられることはないと思われます。

いずれにしても、傍聴人の法廷内の振る舞いについては、裁判長の権限で指示等ができることになっていますが、細部については裁判官や世間の考え方に従って変わっていくこともあると思われます。

ちなみに過去には、傍聴人がメモを取ることさえ禁止されていましたが、これを問題にする裁判の結果、一九八九年以降は原則自由となっています。

Q22 裁判官は神様でもないのに、真と偽（有罪と無罪）を判断できるのですか。

【証明責任】

真か偽かの論争

民事裁判では、原告・被告の当事者本人が弁護士等を頼まずに法廷に自ら登場して弁論することがあり、特に簡易裁判所では少なくありません（「本人訴訟」といいます）。その弁論を聞いていると、自分の認識や記憶に反する相手方の言い分は「嘘だ！」と述べることが頻繁にあります。そのような応酬の光景は、原告または被告の言い分が「真か」「嘘（偽、いつわり）か」の判断を裁判官に迫っている情景に見えます。しかし、その事件で初めて接した原告・被告のどちらが正直者で、どちらが嘘つきかを判断することなんて、一〇〇回法廷を開いたとしても、神様ならぬ裁判官にはなかなかできません。

嘘の証明の困難さ

「嘘だ」と言うためには、相手方の言い分が「真実ではないこと」だけでなく、相手方が「真実ではないことと知って」おり、積極的に虚偽を述べていることを証明しなければならないはずです。裁判制度では、そのような困難な神業を裁判官に求めてはいません。争いのある出来事のすべてを一〇〇とすると、真実だと容易に判断できること、及び嘘だと容易に判断できることは、ともに二〇％もなく、残る六〇％以上は「真なのか偽なのか容易には判断できない灰色」だというのが実感です。ただその六〇％以上の中にも、最終的には真と認められるものがありますが、真と認められた場合でも、それを争っていた方が「嘘つき」とは必ずしも言えないのです。

訴訟の当事者本人だけでなく、弁護士や裁判官の中にも、すぐに「嘘だ」と口に出す人がいますが、「嘘だと証明できるのですか」と問うと、「こちらの主張が本当だからだ」という答えしか返ってこないことがあります。嘘を証明するのは極めて困難だし、裁判で嘘を証明する必要がある場合は少ないのです。例えば、刑事事件における文書偽造罪や偽証罪の類などは、わざと作成者を偽って文書を作ったとか、記憶に反しているのがわかっているのに虚偽の証言をした事実を立証しなければならないのですが、こうした例は少ないのです。

なお「裁判において真実を明らかにしたい」と述べる人が少なくありませんが、裁判では絶対的真実を明らかにする必要はありませんし、不可能でしょう。神ならぬ人間にできるのは、証拠によって証明できる事実を明らかにすることだけです。

証明責任

「お金を貸したから返せ」と主張する原告は、被告にお金を貸した事実を証明する責任があります。「借りたお金は返した」と主張する被告は、返した事実を証明する責任があります。「被告人が人を殺した」と主張する検察官は、被告人が人を殺した事実を証明する責任があります。この**証明責任**（**立証責任**）を負う者が、自分の主張を「真だ」と証明できない時、裁判官や裁判員はその主張された事実が「真だとはいえない」と判断すれば足ります。ここが大事なところです。「その事実がない」（「お金を貸していない」「お金を返していない」「人を殺していない」）とまで判断する必要はありません。まして主観も含めて「嘘つきだ」（「お金を貸していないことがわかっているのに貸したと言っている」等）とまで判断する必要はまったくないのです。いずれの当事者が証明責任を負うのかは、法律の条文の解釈などによって決まります。それを研究することが法律学の重要なテーマです。証明責任をいずれの当事者がどの程度負うべきかについて学問上争いがあるような難問(例えば公害事件、医療過誤事件など)については、社会情勢や公平の観念の変化などによって、立証責任の所在と立証の程度が変遷することがあります。

こうした意味で、刑事事件で「有罪か無罪か」というのは、実は誤解を生む言葉かもしれません。訴訟で大事なのは「被告人が罪を犯したこと」(有罪)か、「被告人が罪を犯したことに合理的疑いがある」(無罪)かであって、「被告人が罪を犯さなかった」とか「被告人が嘘をついて罪を犯さなかったと言っている」ことではないのです。英語を用いる社会では「有罪(guilty)」か「有罪ではない(not guilty)」かについて陪審員が判断しているのであって、論理明快です。

確定裁判と再審

判決が確定すると、これを覆す方法は再審しかありません。刑事裁判確定後に新たな証拠が発見され、その証拠を加えて全証拠を検討した時、被告人を有罪と認定するのに合理的な疑いが生じた場合には、有罪とされた被告人を救済するため、再審が開始されることがあります(九頁参照)。民事裁判の場合の再審は、刑事とは異なる要件があります。民事では双方当事者は対等というのが原則だからです。被告が訴状も判決も受け取っていないのに判決が確定した時(例えば、夫の名前で借金をした妻が、夫宛ての訴状と判決を受け取りながら夫に隠していた時)、民事裁判の証拠とされた書類が偽造文書であったとか、証言が偽証であったことが刑事裁判で確定された時などに民事の再審が開始されることがあります。

Q23 テレビでは裁判官席に三人の裁判官がいる光景をよく見ますが、結論は三人で出すのですか。真ん中の裁判長だけで結論を決めてしまうのではないのですか。【合議の実情】

合議事件と単独事件の区別は？

確かに、テレビで裁判や判決の報道がなされる事件については、裁判官席に三人の裁判官が座っていることが多いですね。

三人の裁判官で担当する事件を「合議事件」といいますが、法律で合議事件と決まっている事件（法定合議事件）と、一人の裁判官が担当する「単独事件」の中から、内容が複雑で困難な事件や、社会的な影響が大きい事件等について、合議体で審理や裁判をするとの決定をして合議事件とする事件（裁定合議事件）があります。

合議体の構成は？

裁判官席の真ん中に座っているのが裁判長で、裁判長からみて右側（傍聴席から向かって左側）に座っている裁判官を右陪席といい、裁判長からみて左側（傍聴席から向かって右側）に座っている裁判官を左陪席といいます。この三人で合議体を構成します。

事件の記録を丹念に読み込んで問題点を整理したり、判例・学説などを調査したりして、判決の起案を担当する裁判官が、事件ごとに通常は陪席裁判官の中から決められています。これを主任裁判官といいます。地裁では通常は左陪席が主任裁判官となりますが、最近では「合議の充実」の目的で、右陪席も一定の割合の件数で主任裁判官を務める形が増えています。

判決の結論は裁判長が決める？

一般的に、裁判官に任官してからの経験が長い順に、裁判長、右陪席、左陪席となります。

しかし、判決の結論について三人の裁判官の意見が分かれた場合に、裁判長に特別の権限があるわけではありません。合議体の中では、それぞれの裁判官は独立した対等の関係であり、三人の評決権も平等なので、過半数で決めることになります。

そうすると、右陪席と左陪席の意見が一致し、裁判長が反対の意見の場合には、裁判長の意見が判決で表明された意見と反対のこともあり得るのです。マスコミの報道では裁判長の名前だけが報道されることが多いのですが、裁判長が少数意見側の場合でも、「評議の秘密」が裁判所法で定められているため、裁判長はそれも言えないのが辛いところです。

「合議」はどのようになされている？

裁判の結論を出すための意見交換を、「合議」(裁判所法では「評議」)といいます。

かつては「廊下合議」、「エレベーター合議」といって、裁判官室から法廷に行き来する廊下やエレベーターの中での簡単な口頭のやり取りだけで結論を出してしまう場合や、前もって意見交換をして結論を決めることをせずに、とりあえず主任裁判官が起案した判決の原稿を、順番に点検、推敲して事実上の合議をする「判決合議」というやり方もありました。

しかし最近では「合議の充実」のために、主任裁判官が「合議メモ」を作り、裁判官室でそれに基づいて事案の概要や、争点(双方の主張、証拠の内容)、判例・学説などを整理して説明し、口頭で意見交換する合議が行われることが多くなりました。

活発な合議がなされると、議論の途中では意見が分かれていた場合でも、最後には少数意見の裁判官が多数意見に納得して、あるいは多数意見の裁判官が少数意見に同調して、最終的には全員一致になることも多いのです。

左陪席が忖度することは？

裁判官は合議において自分の意見を述べる義務があり、これは裁判所法で決められています。

かつては左陪席が積極的に自分の意見を述べると生意気と思われ、「合議不適格」という烙印を押されたこともあり、そのために左陪席が自分の意見を述べなかったり、裁判長の意見を忖度して自分の意見のように述べたりすることがあったりして、かえって裁判長が困るというようなこともあったようです。

平成の司法制度改革で裁判官の人事評価が規則化されて、不透明な人事が減ったため、裁判長の意に沿わないというだけで、人事評価上の不利益を受ける心配は少なくなってきたように思います（簡単に根絶できはしないでしょうが）。

また、自分の意見を述べることに慣れた「ゆとり世代」が法科大学院で対話型の授業を経験していることや、左陪席の育成のためにできるだけ発言させようという裁判所内部での傾向が強まっていることも相まって、最近は活発に自分の意見を述べる左陪席が増えています。

活発な「合議」のための工夫は？

左陪席が本音で自分の意見を述べ、「合議」を活発にするためには、いろいろな工夫が必要です。何よりも、若い裁判官の主体性を重んじる合議体の雰囲気が大事です。

裁判長の心構えとしては、自分が先に意見を言ってしまわないこと、陪席を自分の意見に従わせようとする態度を見せないことが重要といわれています。

また、判決の結論が悩ましい事件については、裁判長や主任裁判官ではない陪席裁判官は、あえて自分の結論を言わずに、主任裁判官の意見に対し、敗訴となるべき当事者の主張やその根拠となっている有力な証拠に基づき主任裁判官に疑問をぶつけてみて、主任裁判官の意見が敗訴者にとって説得的かどうかを検討するという工夫も必要です。

（注）以上は、裁判官だけで裁判を担当する「裁判官裁判」についての説明です。重大な犯罪を対象とする刑事事件で、裁判員が裁判体に加わる「裁判員裁判」（Q６参照）の事件については、裁判員も「評議」に加わりますし、評決権もあります。この場合は九人で結論を出します。なお、法廷内の様子がテレビで撮影される場合には、裁判員は法壇の上に着席しないことになっていますので、裁判官三人だけが映っている場合でも「裁判員裁判」の場合があります。

裁判官編

Q24 裁判官はとても忙しいそうですが、いつ判決を書いているのですか。

【裁判官のワークライフバランス】

昼は法廷で大忙し

民事と刑事では傾向が違いますので、民事の担当裁判官を念頭に述べます。

一審の地裁や家裁では、平日の出勤日は法廷（弁論）や和解等の期日がぎっしり入っていることが多く、判決を書く（判決起案）ために机のパソコンに向かえる時間はそれほど多くありません。したがって、ごく簡単な判決でない限り、夕方五時ごろの閉廷後に居残りするか、記録を自宅に持ち帰るかして起案せざるを得ません。裁判官の出勤時刻は朝九時前後と普通の公務員よりも遅いようですが、ほぼ必然的に「残業」が必要になることからすると、オーバーワークを避けるためには合理的な習慣と思われます。

「宅調」とは？

ちなみに裁判官にも朝型と夜型があるようですが、日本の裁判官はこのような「宿題」を計画的にこなさなければならないことからしても、学生時代からの「優等生」的な人にしか務まらないと思われがちな仕事です。以前は「宅調」といって、週一、二回程度、自宅で記録等の調査をするために登庁せず、集中的に判決を書くことにしている裁判官も相当数いましたが、最近は減ってきたようです。仕事と家庭を峻別し、仕事は資料等の執務環境が整った裁判所でなるべく行う、家庭生活重視の傾向が増しているようです。

休日の実情

高裁では、裁判官一人当たりの事件数が一審よりも少なく、法廷を開く回数も少ないので、裁判所で判決起案をする時間もある程度は確保できますが、一件一件が質・量ともに重いので、相応の時間を取られます。いずれにせよ、裁判所にいる時間内に判決起案をすべて済ませることは至難の業で、週末も返上することが多く、せめて土日のいずれか一方だけでも完全な休みとして確保できれば幸せといわれるほどです。

そして、判決起案に多大な時間を投入しなければならない難事件等のためにあるのが、「夏期休廷期間」という名の夏休みです。これは普段休暇を取りにくい裁判官のための一種の計画年休(労働基準法三九条六項等)を含む(七日以上とされている)もので、お盆の特別休暇(三日)、通常の土日(六日)を通算して三週間取れるのでゆっくり休めそうに見えますが、うち五日は宅調として判決起案をすることが多く、さらに集中的に判決起案をしようとすると、結局残りの休暇もすべて返上で「夏休みの宿題」をやらなければならない事態になることも少なくないのが実情です。

日本の裁判の判決は細かすぎ?

一昔前と比べれば、裁判官がある程度増えた割には全体の事件数が増えていないので、少し余裕ができたともいわれます。しかし、それでも日本の裁判の判決は精緻さを要求されて手間がかかります。また裁判官も時間に余裕があれば、判決の完成度を上げることに労力を費やす性分があります。和解の方が労力・時間が少ない場合もありますので、ともすると和解への誘導・強要に陥る、あるいは判決の遅延につながるといった批判を招いている実情は否定できません。先進諸国の審理判決の方法にも学び、迅速適正な解決を本気で目指さないと、民事裁判という優れた紛争解決手段が見向きもされなくなってしまう心配もあります。

コラム6　法律用語の不思議（その2）

「原告と被告とを離婚する」？

家庭裁判所の法廷傍聴に行った友人から、「ちょうど離婚事件の判決言渡しがあったのだが「**原告と被告とを離婚する**」という主文は日本語としておかしいのではないか」と言われたことがあります。裁判所が離婚させるのだから「原告と被告とを離婚させる」か、または「原告と被告は離婚した」とすべきではないかというのです。でも、実務では昔も今も「原告と被告とを離婚する」という主文で判決がされていて、私たちプロの裁判官は特に奇妙には感じていません。なぜでしょうか。

通常の説明としては、離婚訴訟は裁判所が判決することによって初めて離婚という効果を発生させるという訴訟で、法律学では「形成訴訟」と呼ばれています。形成訴訟では意味上の主語はあくまで裁判所なので、「原告と被告は離婚した」は使えないことになります。それに、これだと当事者が合意して協議離婚したことを確認したようにも見えてしまいます。

また、「原告と被告とを離婚させる」というのは、何となく市民の方に受け入れやすい表現のようにも思われますが、これだと「誰が」「いつ」「どうやって」離婚させるのかという疑問、すなわち離婚という法的効果を発生させるためには、裁判所の判決の言渡し以外に何か別の手続が必要ではないかというような疑問も生じかねません。そこで実務ではほぼ一貫して「**原告と被告とを離婚する**」との主文が使われています。

しばらくはこの主文での判決言渡しが続くでしょうが、離婚以外の裁判も含めて、なるべく市民の方の感覚に合致した、わかりやすい主文となるように工夫していく必要があるでしょう。

Q25

裁判官も三、四年に一度転勤があるそうですが、家庭の事情などで、拒否することはできますか。仮に拒否したら、不利益になりますか。

【裁判官の身分保障】

法律の建前と転勤の必要性

裁判所法四八条には、「裁判官は、公の弾劾又は国民の審査に関する法律による場合及び別に法律で定めるところにより心身の故障のために職務を執ることができないと裁判(分限裁判)された場合を除いては、その意思に反して、免官、転官、転所、職務の停止又は報酬の減額をされることはない」と定められていますから、裁判官の転勤は、すべて本人の承諾を得て行われているというのが建前です。この点は、通常の公務員や民間のサラリーマンの方とは異なります。裁判官が法と良心に基づいて、独立して裁判ができるようにするための身分保障の一つなのです。

これによると、転勤は自分がいやなら断ればよいということになります。しかし、裁判官も一般の方々と同じく、大都市希望が多いのが実情です。裁判所が全国にあり、裁判官を全国に配置しなければならないという要請もあることから、希望とは異なるけれど、地方に裁判官を配置する制度も現実には必要となります。建前と実情の調和が必要となるのであり、その調和の手段が「裁判官の承諾」なのです。

裁判官側の希望と転勤内示の実情

裁判官は、毎年八月一日付で、第一希望から第三希望までの転勤希望先を記載した「裁判官第二カード」と題する書面を、所属の裁判所の所長・長官へ提出しています。このように一応希望調査はされますが、希望と反対の方向の内示を受けることもかつては少なくはありませんでした。しかし、今の時代はそんなわけにはいきません。転勤拒否が続出しそうだからです。今では、裁判官の承諾を得やすくするために、本人の転勤希望に沿う転勤先を内示することが多く、そうでない場合でも、本人または配偶者の郷里など地縁のある場所を内示することが多いようです。もっとも、本人の希望に沿わない転勤先が内示されることも当然存在し、配偶者の仕事や子どもの教育、親の介護等の問題でその内示を断った話はいくつもあります。

転勤内示を拒否した場合の心配ごと

転勤内示を断った場合、断った転勤先よりも客観的に「良い」転勤先を次に内示すれば、最初の内示を断る人が続出しますから、裁判所の人事当局者が、客観的に「良い」転勤先を次に内示することはないと言われていました。しかし、それでは本人の承諾はますます得られなくなりますから、人事当局者も本人にとって個人的に受け入れやすい転勤先に配慮はしているようです。それでも転勤を断っていると、裁判官の一〇年の任期（憲法八〇条一項）が満了した時に、再任されない心配があります。再任されないということはいわば解雇であり、裁判官にとって致命的ですから、転勤を断り続ける人はまずいません。転勤を断った翌年には渋々でも転勤を承諾するのが実情でしょう。子どもが高等学校へ入ると家族は転居しにくくなるので、その場合は裁判官だけが単身赴任することもよくみられます。そのような場合、単身赴任先について、交通の便などを配慮してくれることもあるようです。

女性裁判官が増えて夫婦裁判官も増えました。かつて夫婦裁判官が少なかったころは、同居可能な任地に配慮されていましたが、夫婦裁判官が増えた現在では、そのような配慮は以前ほどには行き届かなくなったようです。このため、夫婦裁判官で同居が難しい裁判所への転勤内示でも、一応受け入れたうえで、片方の単身赴任や長距離通勤などいろいろ工夫をしているようです。

断り切れない転勤の弊害

このように、本人の承諾に基づかなければできないはずの転勤ですが、転勤制度の必要性との調和の下で、いろいろな工夫があっても、現実には断りにくい実情はあるのではないでしょうか。これが裁判官の独立や主体性を阻害しているとして、各方面から指摘されることがあります。ですから、転勤は可能な限り公平・公正で可視的な基準に従って行われなければならないのですが、裁判官の意向や家庭の実情などは千差万別ですから、何をどこまで満たせば公平といえるかは実はとても難しい問題なのです。

ただ、平成の司法制度改革により、下級裁判所裁判官指名諮問委員会が設置され、弁護士や学者らが同委員会の委員として加わり、裁判官の新任及び一〇年ごとの再任について、その適否を審査する制度が新設されました。従前はブラックボックスだった裁判官の新任と再任の審査に、最高裁事務総局以外の弁護士や学者らが加わったのですから、新任と再任の基準として、思想信条による差別や、転勤を拒否した経歴などを持ち込むことができなくなったといわれています。この制度のお陰で、裁判官の転勤拒否の自由は広がったと考えられ、転勤についての最大の問題点は克服されつつあるように思われます。

Q26 裁判官はSNSをしてもよいのですか。する人は実際にいますか。【裁判官の市民的自由】

原則自由です

裁判官が、SNS（ソーシャル・ネットワーキング・サービス）を利用することを直接的に制限する法律や規則はありません。そのため、裁判官がSNSを利用することは原則自由です。

実際にSNSを利用して発信している裁判官として、有名な岡口基一東京高等裁判所判事がいます。ツイッターやフェイスブック、特にツイッターで有名で、「ブリーフ判事」とも言われます。ブリーフ姿の、いわゆる自撮り写真がツイッター上にたびたび現れたからでしょう。ただ、二〇一八（平成三〇）年七月以降、ツイッターは閉鎖され、その後はフェイスブックやブログ等が発信の中心のようです。

そのほか、SNSをはじめとした裁判官による発信活動として、「かけ出し裁判官 Non の裁判取説」と題するブログ、日本裁判官ネットワークによるホームページやブログ、それに当ネットワークメンバーの竹内浩史大阪高等裁判所判事によるブログ（「弁護士任官どどいつ集」）等があります。少ないながら、裁判官によるSNS等を利用した発信活動も実際にあるのです。

SNSの利用は、裁判官の市民的自由と関係します

SNSの利用は世界的に爆発的に広がっています。電車に乗っても、スマホでSNSを利用している人が目につきますよね。一般の人が利用し、しかもコミュニケーションの重要な手段としているツールを裁判官が利用することは、少し難しい言い方をすると、裁判官の市民的自由と関わります。裁判官の市民的自由と

は、裁判官が一般の人と同じように、憲法上の自由を行使できることを意味します。

この裁判官の市民的自由は、実はとても大事なものです。裁判官も裁判官である前に一市民ですから、一市民として自由を行使できるはずだという理由のほかに、裁判における法の解釈や事実認定において、その判断は市民感覚に溢れたものでなければならず、裁判官自身が市民的自由を行使し、市民的感覚を磨く必要があるという理由です。よく誤解されているように、裁判官は赤ちょうちんなど居酒屋に行かないなどということはなく、行くのは自由ですし実際に行っています。子どもの通う保育園のＰＴＡの役員になったり、趣味の会に参加したりするのも自由で、実際に参加している人もいます。市民集会への参加も本来自由なはずです。こうした市民的自由を行使できることで、学べることはとても多いのです。

こうした裁判官の市民的自由には、さらに大きな機能があります。裁判官はその職務上、司法の情報に精通していますから、自分の裁判だけでなく、司法全体の改善について提言・議論することができます。自らの職場を通じてのほか、市民的自由にもとづく活動を通じて、司法の改善を促すことができます。当ネットワークのメンバーやサポーターの中には、裁判官の市民的自由を最大限重視し、実際にその行使を通じて、当ネットワークの規約で定められた目的である「開かれた司法の推進と司法機能の充実強化に寄与すること」に沿った活動をしている人がいます。もちろん、当ネットワークの目的に寄与する方法はさまざまで、市民的自由を行使することは唯一の方法ではなく、当ネットワークで市民的自由の行使を義務付けているわけでもありません。

裁判官の市民的自由の限界と岡口事件最高裁大法廷決定

しかし、こうした裁判官の市民的自由の行使にも、限界があります。裁判所法の規定で禁止される「積極的な政治運動」や「品位を辱める行状」等に該当すると、市民的自由の行使を超えることになるでしょうが、これらは抽象的な規定であって、その適用にはなかなか難しい面があります。

実例として、冒頭で紹介した岡口判事はツイッターへの投稿で、東京高裁により分限裁判の申立てをされました。最高裁大法廷は二〇一八(平成三〇)年一〇月一七日、岡口判事に対し、裁判官の職にあることが広く知られている状況の下で、判決が確定した担当外の民事訴訟事件に関し、ツイッターに投稿した内容について、裁判所法四九条にいう「品位を辱める行状」に当たるなどとして、戒告の処分にする決定をしました。市民的自由の一内容である表現の自由との関係については、「憲法上の表現の自由の保障は裁判官にも及び、裁判官も一市民としてその自由を有することは当然であるが、被申立人の上記行為は、表現の自由として裁判官に許容される限度を逸脱したものといわざるを得ないものであって、これが懲戒の対象となることは明らか」としています。この裁判の結果が、私たち裁判官の市民的自由の行使に萎縮的効果を与えることがもっとも懸念されることですが、最高裁の決定には三裁判官の補足意見があり、「一定の節度あるいは限度というものはあるものの、裁判官も、一国民として自由な表現を行うということ自体は制限されていないのであるから、本件のような事例によって一国民としての裁判官の発信が無用に萎縮することのないように、念のため申し添える次第である」としています。この部分(他の部分がよく取り上げられますが)は前向きに受け止める必要があると思います。

裁判官は、市民的自由を行使して司法の発展に貢献するとともに、司法への信頼を危うくすることは避けなければなりません。この両立を追求するのは実はとても難しく、時に心が折れそうになるのですが、追求し続ける価値はとても大きいと考えて、私たち日本裁判官ネットワークは活動を続けています。

Q27 判決を出す際に、地方裁判所の所長や高等裁判所の長官とかと意見が異なる場合も、そのまま判決ができるのですか。決裁が通らないのではないですか。【裁判官の独立】

裁判に決裁制度はない

決裁はもちろん要りません。裁判官は自分が担当する事件の判決について、自分だけで(合議事件ならば合議体を構成する裁判官だけで相談して)、何ら干渉を受けずに決めるべきものです。これを「裁判官の独立」といいます。裁判所が民間企業や行政機関ともっとも違うのはこの点です。また、会社や役所ではトップの名義で職員が書類を作りますが、判決は担当裁判官全員が作成して署名押印することによって完成します。

所長は上司ではありません

最高裁判所と高等裁判所には長官が、地方裁判所と家庭裁判所には所長が、簡易裁判所には司法行政事務掌理者がいますが、あくまで裁判官の一員であり、いわば各裁判所の裁判官会議の議長という立場にすぎません。仮に所長等が個別の事件を担当する裁判官に意見を言ったりすれば、何よりも大事な「裁判官の独立」を侵害したと言われてしまいます。実際に、戦後にもそのような実例がありました。代表的なのは一九六九年、自衛隊の合憲性等が争われた長沼ナイキ事件の福島裁判長に対し、札幌地裁の平賀所長が手紙で審理方針に介入する意見を述べ、同地裁の裁判官会議から厳重注意処分を受けて(最高裁判所からも注意処分を受けました)所長を更迭されたという「平賀書簡」事件です。

判決内容は言渡しまで所長も知らない

また担当裁判官が判決をする際には、所長の決裁など不要なばかりか、判決の言渡しまで、その内容は担当裁判官だけで秘密を守らなければなりません。判決が事前に漏れれば干渉を受けやすくなるばかりでなく、それ自体大問題となります。

裁判所の存在意義

そもそも、裁判という制度の本質的な特徴は、国会や地方議会が多数決で法律や条例を制定し、行政がそれに基づく上意下達で実行した行為を、たった一人(単独事件)か合議体の数人(原則三人、特大事件では五人のこともある)の裁判官が是正するところにあります。したがって、憲法・法律と良心に従った判断を、事件の審理をした裁判官自身が行うのが要請されているのです。行政庁のように上命下服で行政判断をするような仕組みにはなっていないのです。

「裁判官の独立」の保障の下で、司法府が期待された役割を果たすためには、裁判所内部での裁判官の独立の実質的保障だけでなく、司法府の立法府・行政府からの独立、つまり三権分立の徹底が重要です。

まとめ編

Q28 裁判は良くなってきているのですか。希望をもっていいのですか。

【裁判の変化について】

（A〜Fは、法律家歴三〇年以上の現役または元裁判官）

良くなった刑事裁判

A 分野にわけてお答えしましょう。刑事事件は、二〇年前（司法制度改革が始まったころ）と比べると、全体的にほぼ良い方向になってきていると思います。

B ええ、二〇年前は、検察官に対する遠慮みたいな感覚が裁判官には無意識にせよあったように思いますが、今はそんなことはないでしょう。これは、裁判員裁判の影響ではないでしょうか。

C 法律家だけで裁判を担当していると、検察官の方ばかりを意識することが多かったのですが、今は法律家ではない裁判員に対して説得的であることが必要です。そのため、検察官への遠慮など論外ですね。

D それは、逮捕勾留などの令状審査でも同じですね。かつて令状審査といえば、勾留請求却下や保釈許可に対する検察官の不服申立て（準抗告）に気を使いました。今はそんなことに気を使う感覚は薄れたでしょう。それはかつてと違って、弁護士会の努力により、起訴前の捜査段階でも被疑者弁護が整備され（当番がいて、逮捕された被疑者が希望すればすぐに弁護士がかけつける）、勾留決定や保釈請求却下に対する弁護人の不服申立て（準抗告）が多くなされるようになり、裁判官が検察官だけに気を使う必要はなく、気を使っても無駄という感覚が強くなっているからでしょう。裁判の本来の姿になってきたのだと思います。

E　審理も裁判員裁判導入前と比べると、法廷中心で丁寧になったと思います。

F　そうですね。証人を直接尋問して真偽を明らかにする審理が多くなり、検察官などの作成する供述調書を重視する審理（「調書裁判」と言われていた）は明らかに後退していると思います。被告人の自白調書もほぼ同様です。また、公判審理に入る前の公判前整理手続は時間がかかっていますが、公判審理自体は極めて迅速にされていますね。これは裁判員の負担を減らすためです（もっとも、裁判の公開制度が部分的に後退しているという危惧はあります）。

民事裁判の判決の評価

A　それに比べて民事裁判は、刑事裁判ほど楽観できませんね。

B　そうですね。かつてに比べると、一五年くらい前には確実に良くなっていました。審理では、口頭で議論して争いのある点を明らかにし、証人などは集中して調べて結論を得、それを基に熱心に和解を行い、和解が成立しないと集中証拠調べの結果を基に判決がなされていました。これがその後、薄れてきました。

E　評価が難しいところがあります。集中証拠調べは一五年くらい前から現在に至るまで続いていて、それを基に和解や判決もなされています。しかし、審理で口頭の議論をして争いのある点を明らかにすることが減ってきた面はあります。当事者と裁判官のコミュニケーション不足として、問題意識が膨らんできています。改善に取り組む動きが裁判所にあり、弁護士会も共通認識を持っているようであり、前向きの改革が望まれるところです。

C　確かにそのとおりで、口頭で議論しないため書面審理が中心となり、当事者と裁判官が認識の共通を得ないまま審理が続き、審理期間はかえって長くなっているという面があります。また、平成二〇年代前半を中心に過払金返還請求訴訟が爆発的に増えた時期があり、書面審理が原則となって、民事事件の改革を後退させた面も否定できないでしょう。

D 判決内容はよくなってきたのではないでしょうか。スマートで問題の少ない判決が多くなった。少なくとも、民事裁判の基礎を踏まえており「おや」と思わせるおかしな判決は減ったように思います。

A しかし、敗訴者への配慮が足りない判決は増えているのではないでしょうか。確かに判決は一見スマートですが、証拠と認定事実の結びつきがあいまいな判決が増えています。判決の中核は、敗訴する側をいかに説得するかにあります。この部分が弱くなり、敗訴する側の主張する証拠の排斥理由が判決に書かれていなかったり、あっさりしていたりする判決が散見されます。

B 昔は優れた先輩裁判官、例えば故・近藤完爾判事の著作(『心証形成過程の説示』判例タイムズ社)に裁判官みんなが目を通し、「負かす理由が大事、排斥する証拠の排斥理由が大事」と言われたものですが、最近は上記の本に類するものがありませんね。

D 特定の分野では、判決内容は明らかによくなっています。典型例は、行政事件です。二〇年前には「まず訴えの却下(門前払い)の理由を探す」裁判官もいましたが、今は、請求の中味についての判断に入ることが多くなりました。これは行政事件訴訟法の改正が大きな影響を与えています。

熱心な裁判官が増えた家事裁判

A 家事事件の改善は、刑事事件と民事事件の中間くらいでしょうかね。

B そうですね。審理は明らかに改善されてきていると思います。高齢化社会の進行や個人主義の浸透により、家事事件は相当増加しています。そのため手続法が改正され、従来不透明といわれた手続がオープンになってきました。裁判所のスタッフも充実してきました。

D　裁判官も熱心な人が増えました。昔は家事事件を本気で取り組む人が少なかった印象ですが、家事事件で頑張ろうという意識を持つ裁判官も増えたのではないでしょうか。家事調停なんかも、昔は裁判官の関与が薄い傾向がありましたが、今は調停委員と裁判官の評議が熱心にされ、調停期日にも裁判官が出席する機会が増えましたね。

E　それは家事事件に熱心な女性裁判官が増えたこととも無縁ではないでしょうね。それと弁護士からの非常勤裁判官として、民事調停官、家事調停官制度が定着するようになり、調停官はすべての調停に立ち会うこととされていますから、裁判官役の調停官が出席している調停が多くなっています。

B　判決や審判の内容には感心しないものがあります。紛争の実態を見ていないもの、事案に踏み込んでいないものも多くあるように思います。

D　ただ、家事事件全般に内容が難しくなっている面もあると思います。昔は、離婚関係では、家庭を顧みず暴力（DV）や不貞をする夫と、子どもを守りながら涙をこらえている妻、という構図の事件が多かったのですが、今はそんな単純な図式は少ないように感じます。妻の暴言に耐え切れなくなった夫が最後に手を出したケースで、妻がシェルターにわざと逃げ込んで有利に証拠作りをしようとしたと見られる事件もあります。事案の本質を見抜くのが難しくなったと思います。

少年事件への関わりの変化

A　少年事件は、少年法の改正が何度かされているので、審理や審判がよくなっているかどうか単純には評価できないように思います。

D ただ、昔に比べて裁判官は少年や付添人（弁護士等）の言い分をよく聴いてくれる、という声も聞きます。

B 制度が変わり、時には検察官や被害者が少年審判に関与するようになったのは、少年事件の事実解明や少年の真の更生にはプラスであったという評価もできると思います。

E そうですね。いろいろ評価できる面も多い。少年事件では、家庭裁判所調査官が全件を調査するのが一般で、その意見を尊重しつつも、裁判官として適切と考える処遇の選択をすることも珍しくありません。なお、少年事件に限らず、家庭裁判所の事件は家庭裁判所調査官の役割が大きいのですが、少年人口の減少等で少年事件数が少なくなっており、家庭裁判所調査官の配置も家事事件の方により重点が置かれており、少年事件の家庭裁判所調査官としては、力量が発揮できていないのではないかとの指摘もあります。

ともに改革を

D この座談会のテーマからすると、各分野で評価は異なるとは思います。しかし、全分野で二〇年前と比べると、悪くなったという評価はできず、かなりよくなっているか、少なくとも部分的によくなっているという評価ができるでしょう。その意味で裁判に希望を持って、市民の皆さんには裁判を利用していただきたいし、裁判を支える意識をぜひ持っていただきたいと思います。

一つだけ付け加えますと、平成一〇年代以降法改正が続き、裁判の仕組みは相当変わりました。しかし、その仕組みの中には、裁判官が活かし切れていない仕組みがまだまだあります。例えば、民事事件の専門委員や人事訴訟の参与員などです。これらの仕組みを活かすには裁判官だけでなく、検察官、弁護士、そして当事者の方々等が新しい仕組みを理解し、それを裁判所で活かしてもらおうという意識や試みが大事です。改革や改善は裁判官だけでできるものではなく、ともに進めていくものです。

おわりに

いかがでしたか。裁判の「ギモン」は解消したでしょうか。また、裁判や司法に期待を持っていただけたでしょうか。このブックレットのQに対するAをいくつかでも、いや一つでもご理解いただければ、裁判を見る目は変わってくるのではないかと期待しています。

実はこのブックレットは、映画『Shall we ダンス?』『それでもボクはやってない』等の作品で知られる映画監督周防正行さんの一言で刊行を考え始めたものです。「はじめに」で触れた司法制度改革に関する『希望の裁判所』(LABO刊)という本の推薦文は、ご縁があって同監督に書いていただきました。しかし周防監督に、「『希望の裁判所』はいい本だけど、やっぱり一般の人たちは、まだまだ裁判や司法のことをホントにわかっていないよ」と言われたのがショックでした。裁判に関与する市民、裁判を支えるべき市民に対して発信することが必要だよ、とお叱りを受けたように感じました。そこから二年あまり、私たちなりに方法を考え、ふだん市民の皆さんからお聞きする疑問の数々に、裁判を主宰する立場の経験を活かし、率直にお答えすることが一番の情報発信ではないかと考えた結果、本書の刊行を企画した次第です。

私たちは現代社会において、司法がますます重要な役割を果たすべきと考えています。それだけに、市民の皆さんの司法への理解や支持が大事だと心から思っています。本書が、そんな役割の一端を果たしてくれればと願っています。

二〇一九年三月

日本裁判官ネットワーク

日本裁判官ネットワーク
開かれた司法の推進と司法機能の充実強化に寄与することを目的に，1999年9月に設立された．現職の裁判官およびサポーターとしての元裁判官により構成している．92年から研究会を続けてきた活動前史がある．http://www.j-j-n.com/
「顔が見えない」と言われてきた日本の裁判官として，市民にも開放されたシンポジウムを多数開催するなど，ユニークな活動を粘り強く続けている．著書に『裁判官は訴える！――私たちの大疑問』(講談社)，『裁判官だって，しゃべりたい！――司法改革から子育てまで』(日本評論社)，『希望の裁判所――私たちはこう考える』(LABO)，『裁判官だから書ける イマドキの裁判』(岩波ブックレット)など．

表紙タイトル下イラスト：日本裁判官ネットワークのロゴ．Ⓒ伊東ユウスケ
本文中のイラスト：Ⓒ村山宇希

裁判官が答える 裁判のギモン　岩波ブックレット 998

2019年4月5日　第1刷発行
2024年4月26日　第2刷発行

著　者　日本裁判官《にほんさいばんかん》ネットワーク

発行者　坂本政謙

発行所　株式会社 岩波書店
〒101-8002 東京都千代田区一ツ橋2-5-5
電話案内 03-5210-4000　営業部 03-5210-4111
https://www.iwanami.co.jp/booklet/

印刷・製本　法令印刷　装丁　副田高行　表紙イラスト　藤原ヒロコ

ISBN 978-4-00-270998-7　Printed in Japan